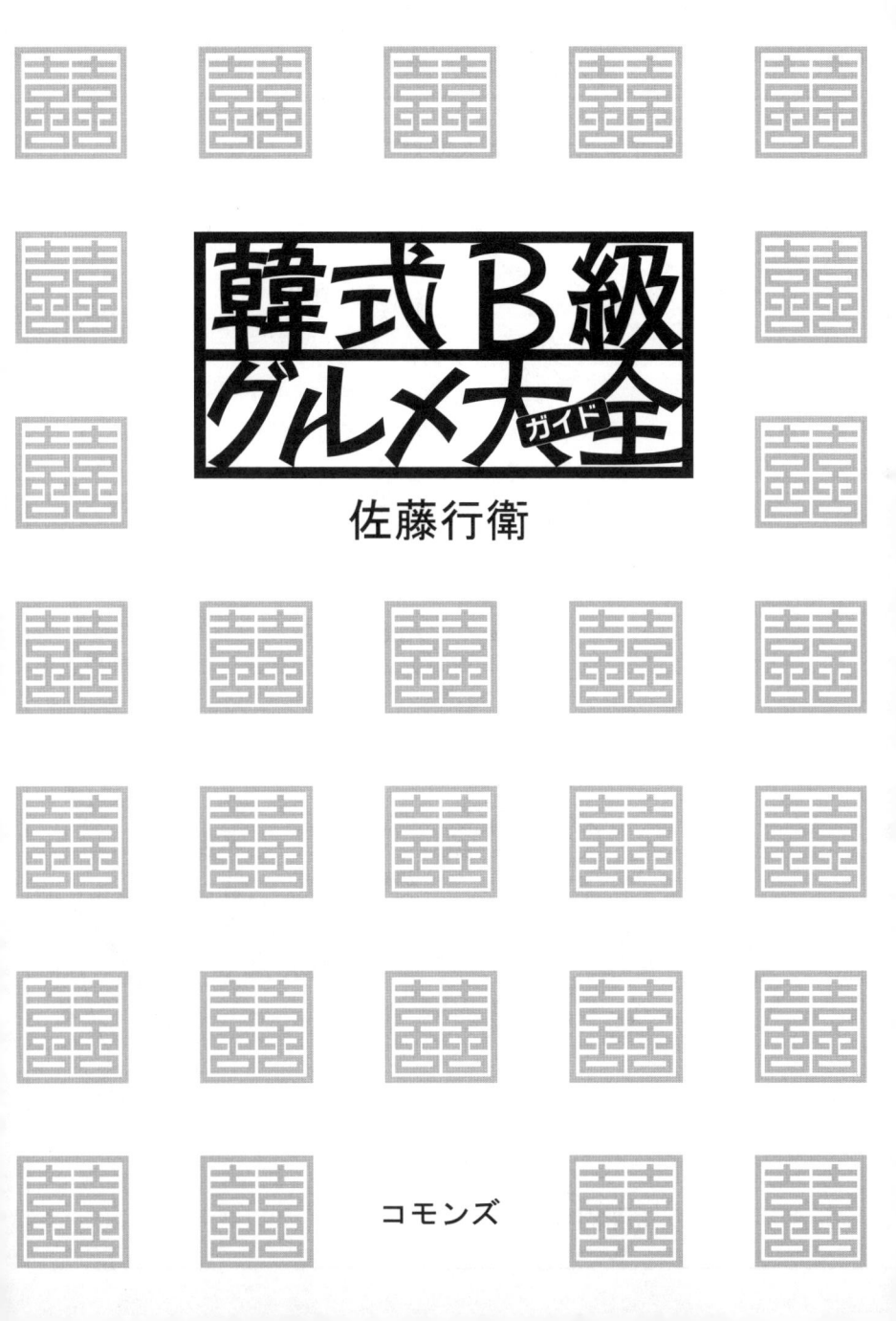

韓式B級グルメ大全

佐藤行衛

コモンズ

韓国全図と本書に登場する地名

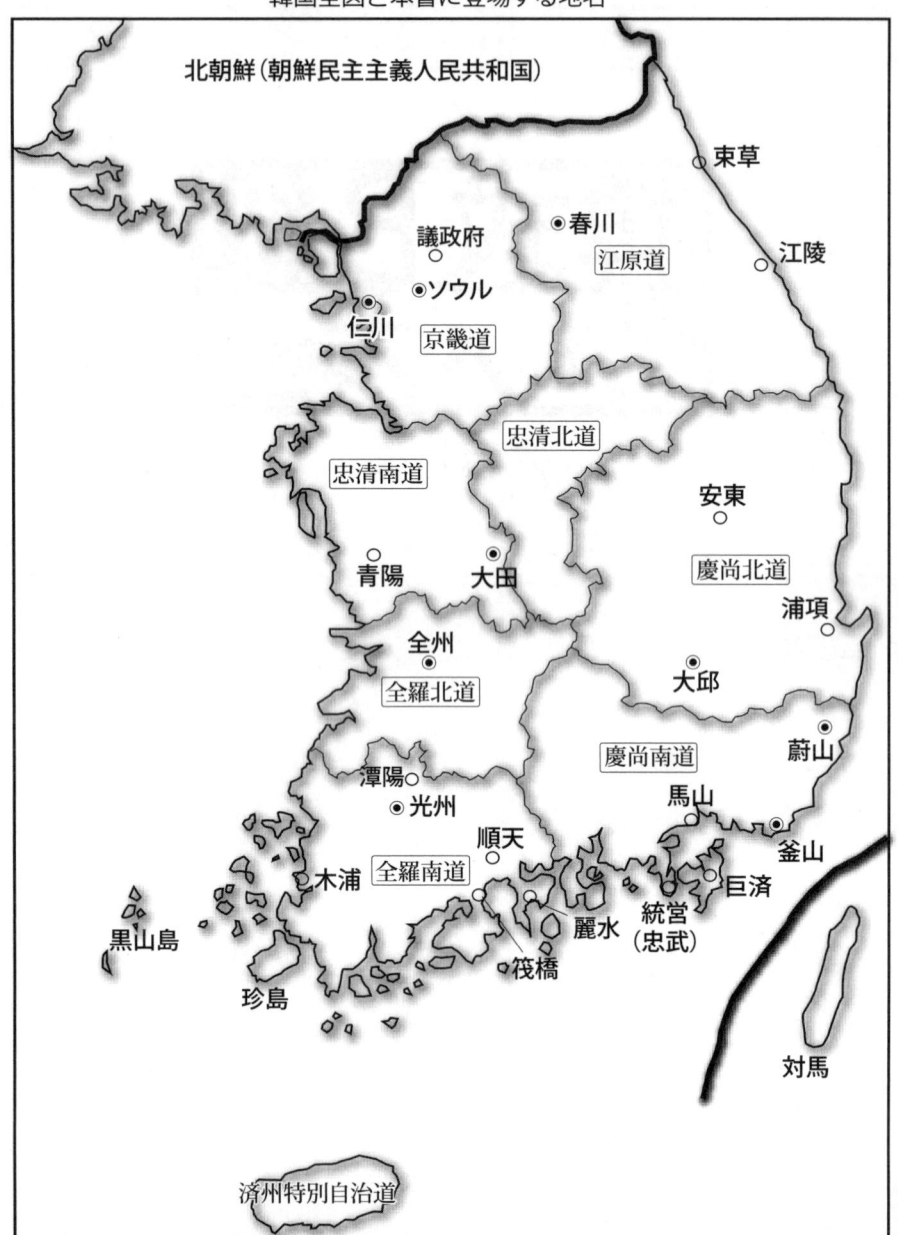

本書に登場するソウル市の飲食店地図（上：鍾路区・中区、下：麻浦区）

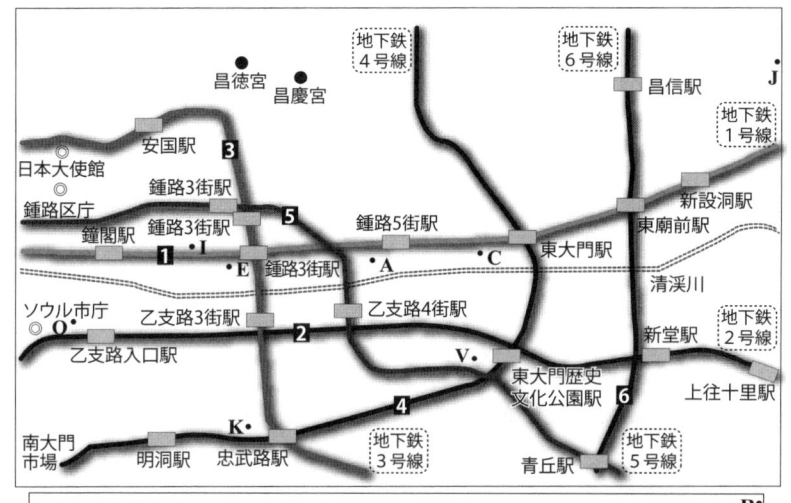

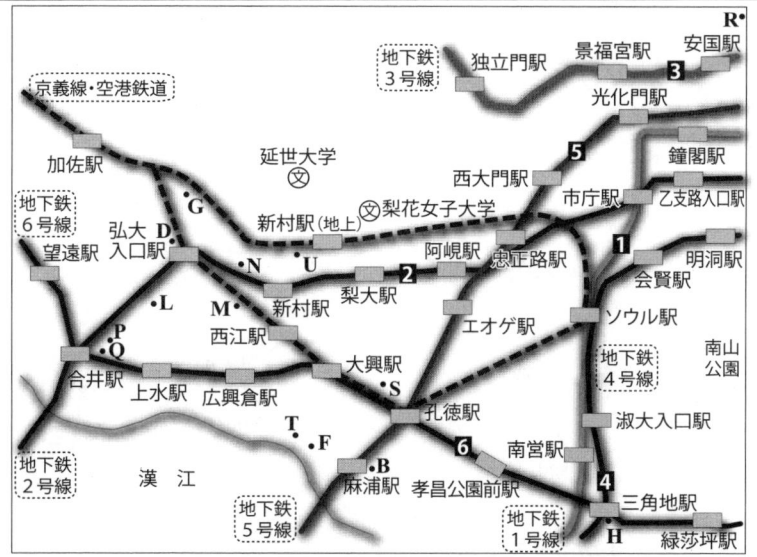

A：麻薬キムパブ、B：麻浦元祖参鶏湯、C：明洞タッカンマリ、D：レゲエチキン（本店）、E：鍾路ソルロンタン、F：モイセヘジャンクク、G：テバクポシンタン、H：三角地ウォンテグタン、I：コカルビチプ、J：ナジョンスン ハルメ チュックミ、K：チュックミプルコギ、L：海賊キャプテン、M：民俗酒店サヌリム、N：サンコムジャンオ、O：湧金屋、P：ソルレハノクチプ、Q：ポリウル、R：秘苑ソンカルグクス、S：乙密台、T：富永閣、U：シンゲチ、V：サマルカンド
（注）チンコゲポシンタンは地図の範囲外。

ソウル市

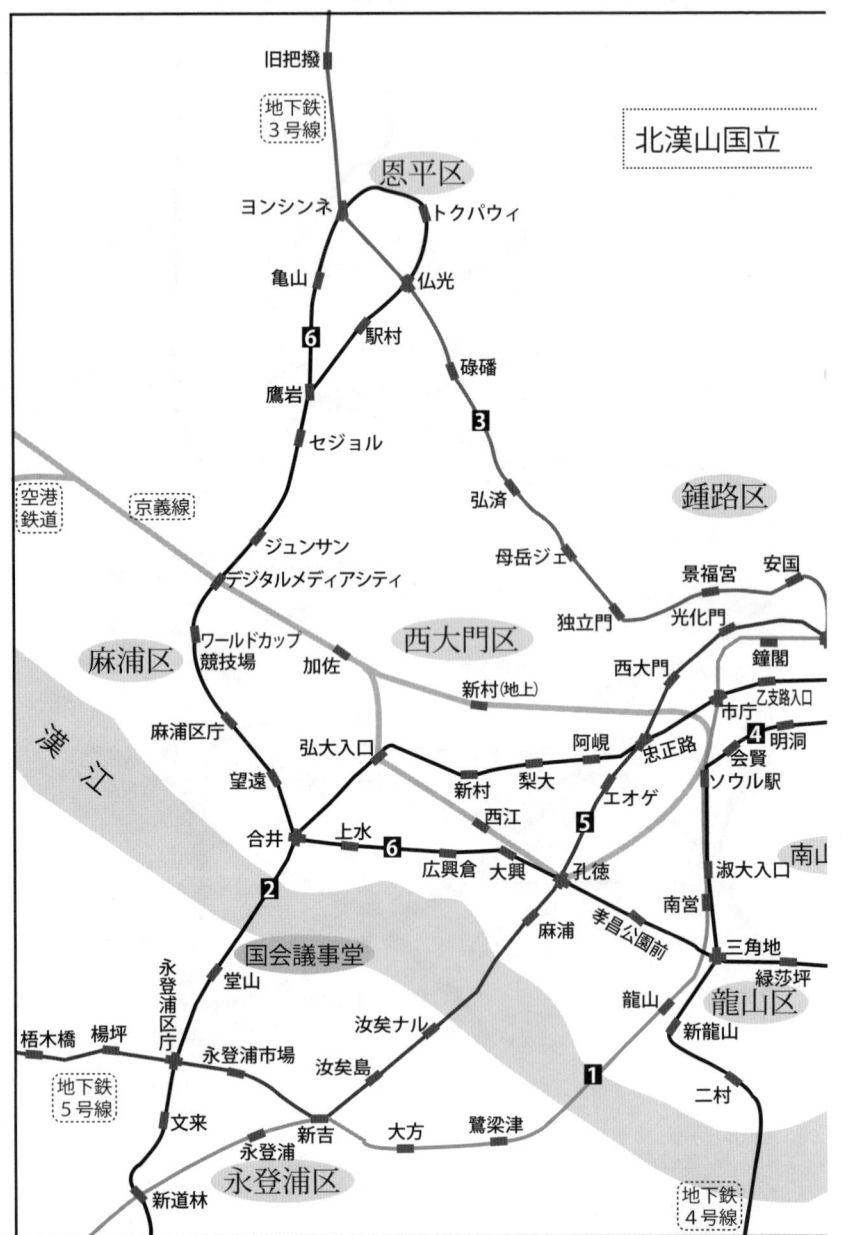

地下鉄路線図(1〜6号線)

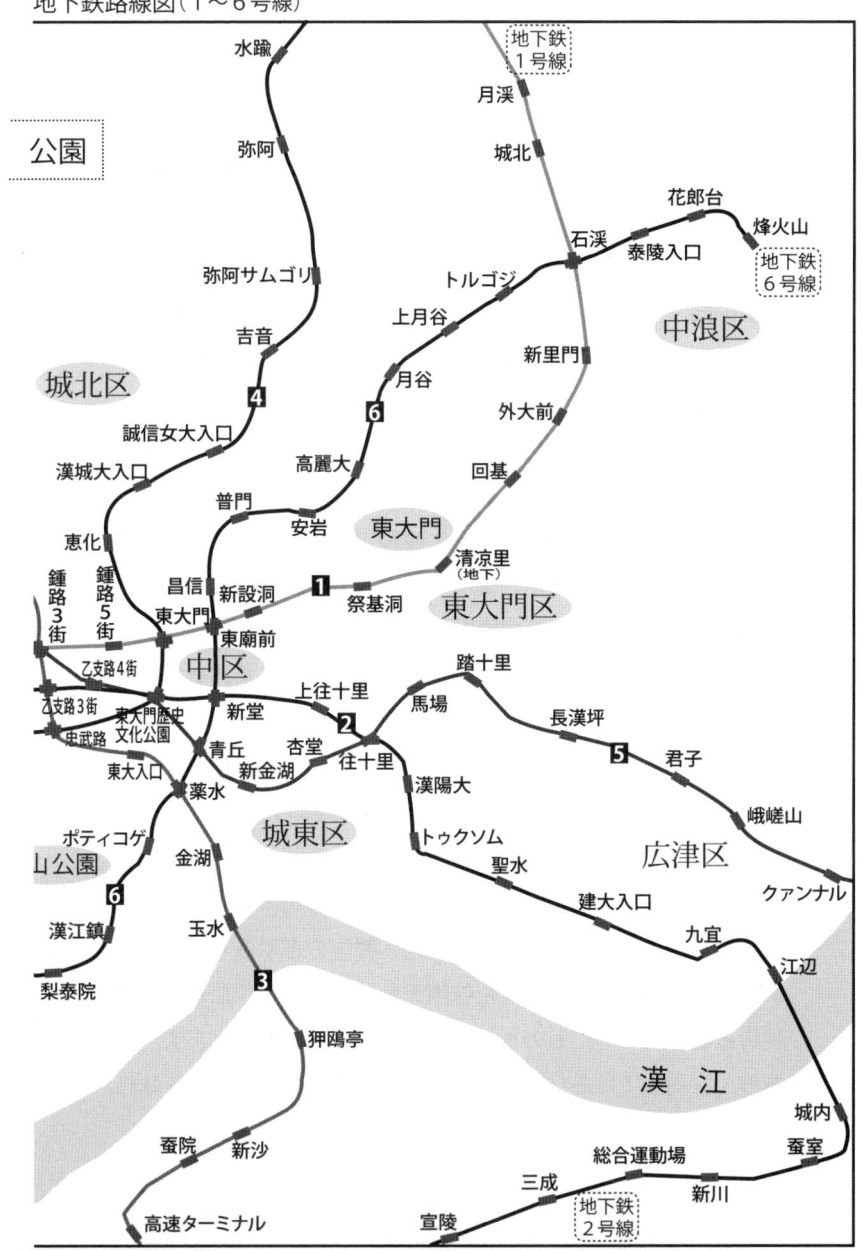

はじめに

　皆さん、こんにちは。『韓式B級グルメ大全(ガイド)』を手に取っていただき、まことにありがとうございます。

　そもそも、B級グルメって何でしょう？　値段が高くて美味しいのは、当たり前。高くて不味いのは、言語道断。安くて不味いのは、致し方なし。安くて美味いもの、これが一番！　そうです。それこそがB級グルメだと思うのです。

　この本では、お隣の韓国のB級グルメの数々を紹介しました。屋台の話から、焼肉、海鮮、ヘルシー料理、麺、ジャンクフード、お酒、郷土料理、さらに韓国で食べられる異国料理にいたるまで、面白楽しく、美味しい内容です。ときどきちょっと値段の張るものもありますが、べらぼうに高いわけではありません。なかには不味いと断言した料理もあります。嘘はつけませんからねぇ。

　私が思うに、韓国料理のすべてがB級グルメだといっても過言ではないかもしれません。それゆえ韓式なんです。

　韓国料理は、日本人の口にもっとも合う外国料理ではないかと思っています。箸を使うし、主食がお米だし(お米の質も似ています)、麺の種類も豊富です。焼酎、韓国のどぶろくことマッコルリ、納豆菌で発酵させた味噌チョングクチャンなど、日本独特と思われていたものが、韓国伝統食文化にもあります。もちろん、同じではありません。しかし、その微妙な違いを味わ

うことができるのも、日本人ならではのはずです。ぜひ、味わい、楽しんでください。

　ところで私は、韓国ではじめてデビューした日本人ロックバンド佐藤行衛＆コプチャンチョンゴルのリーダー・佐藤行衛と申します。デビューは1999年で、現在はソウル在住です。玄界灘を越え、日韓を行き来しながら、活動を続けています。

　1995年にはじめて韓国に遊びに行ったとき、70～80年代の韓国ロックに遭遇し、韓国にハマリました。以後、私の生活は一変。我が家の食卓にはいつもキムチが並び、ステンレス製の箸とスプーンでご飯を食べ、ステレオからは土産で買ってきた韓国ロックのCDが常に流れ、本棚には韓国関係の書籍がずらり。運よくちょうど日本初の韓国専門CS放送が始まったので、テレビも韓国の番組一色。

　それは、韓流などという言葉が生まれるはるか以前の出来事でした。当時は情報が本当に少なく、コンピュータで「韓国」と検索したら、60件しかヒットしなかったのです。当然、そのすべてにアクセスしました。

　バンド名のコプチャンチョンゴルは、直訳するとモツ鍋という意味です。しかし、これが日本の食べ物とはまったく違うもので……。おっと、その件はおいおい本文を読んでいただくことにしましょう。

ここで、韓国の食事マナーについて簡単にふれておきます。
　まず、お碗は持ちません。ご飯やスープは、スプーン(韓国語でスッカラク)で食べます。箸(チョッカラク)を使うのは、おかずを取るときだけ(麺は箸で食べます)。基本的に、箸とスプーンがセット(ふたつを合わせてスジョ)になっています。そもそも、スープ料理のお碗のほとんどは石でできている(トッペギ)ため、重くて熱く、持ち上げるのは不可能です。ご飯茶碗(パッコンギ)も金属製が多く、熱くて持つことができません。
　スープをご飯にかけるのは無作法で、ご飯をスープに投入するのが正しい食べ方です。ただし、お碗のふちに直接口をつけないように！
　じか箸やスプーンで鍋をつつくのはOK。日本人には鍋料理のじか箸を嫌う人が多いので、少し慣れが必要かもしれません。箸を引っくり返して鍋の具を取り皿に取ったら、「われわれの仲はそんな他人行儀なのか」と怒られた経験あり。しかも、「手に持つ部分のほうが汚いだろう」って。そりゃそうだ、ごもっともでございます、ハイ。
　箸から箸へ食べ物を渡すこと、すなわち箸渡しは、なんの問題もなし。日本じゃこれは厳禁。火葬場でお骨を拾うときの作法だと言われますよね。いまでも、なかなか慣れない習慣のひとつです。

目上の人の前でお酒を飲むときは、ちょっと横を向いて飲む。目上の人が「そんなことしなくてよろしい」と言えば、普通に飲んでもかまいません。

　ビールやお酒は手酌しない。人に注ぎ、人から注がれる文化なのです。自分のコップが空になったのに誰も気づいてくれないときは、人にお酒を注ぐ、もしくは注ごうとする動作を見せること。そして、注がれるときは、飲みきりです。注ぎ足しは極力避けます。底のほうにお酒が残っていたら、飲み干してコップを空にしてから、お酒を受けること。

　また、お酒を受けるときと、お酒を注ぐときは、基本的に両手で。とくに、目下が目上の人に対する場合はこれを厳守。この一点が守れるだけでも、韓国人の受ける印象が格段に違います。

　それでは皆さん、郷に入れば郷に従い、美味しく楽しい韓式B級グルメの世界を楽しんでください。

　なお、料理の辛さは🌶で4段階に示しました。(🌶🌶🌶🌶)＝辛くない、(🌶🌶🌶🌶)＝小辛(ピリ辛)、(🌶🌶🌶🌶)＝中辛、(🌶🌶🌶🌶)＝大辛、(🌶🌶🌶🌶)＝激辛です。

contents 1

- 2 韓国全図
- 3 本書に登場するソウル市の飲食店地図
- 4 ソウル市地下鉄路線図
- 6 はじめに

15 第1食　韓式屋台を極める

- 16 1 韓国屋台の王様　トッポッキ
- 18 2 日本とは大違い　オデン
- 20 3 グロテスクだけど美味しい　スンデ
- 22 4 韓国風てんぷら　ティギム
- 24 5 超ポピュラー　キムパプ
- 28 6 甘さひかえめ　オクスス
- 29 7 手軽な朝食　トースト
- 30 8 おやきに似たスィーツ　ホットク
- 31 9 屋台ならではの新しいジャンクフード　ケランパン
- 32 10 ポジャンマチャにいざ出陣

35	**第2食　やっぱりお肉から！**	
36	1	焼肉といえば　牛肉
42	2	庶民の味方　豚肉
46	3	サムゲタンだけじゃない　鶏肉
52	4	ホルモン大国
74	5	例の肉の話　犬肉
79	**第3食　魚介類！　海産物天国**	
80	1	お刺身 in 韓国
94	2	スケトウダラ ア・ラ・カルト
102	3	愛される大衆魚　サバ、サンマ、ハタハタ、イシモチ
106	4	人気の軟体動物　タコとイカ
117	5	貝づくしの巻
126	6	馬山名物　アンコウ
137	7	ご飯泥棒　ワタリガニ
140	8	ぬるぬるの美味い連中　ウナギ、ドジョウ、ナマズ、雷魚
148	9	豪快でダイナミックな鍋　フグ
151	10	海藻もよく食べる　海苔とワカメ
154	11	韓国も捕鯨国だった！　鯨

contents 2

157	**第4食**	**ヘルシー料理大集合**
158	1	懐かしい味　麦飯定食
161	2	ヘルシー・フードNo.1　豆腐料理
166	3	バラエティ豊かな　お粥
168	4	健康食品　禅食と葛の根
171	5	ベジタリアンのために　野菜いろいろ
176	6	食卓に欠かせない　キムチ
179	**第5食**	**麺〜大好き！**
180	1	冷麺の歴史を紐解く
184	2	韓国独自の麺　ククス
188	3	国民食となった韓国式　中華麺
201	**第6食**	**コリアン・ジャンクフード**
202	1	インスタント・ラーメンの国
207	2	弁当だって混ぜるのだ　トシラク

| 210 | 3　伝統的ジャンクフード　ポンデギとソラ |

213　第7食　韓国酒事情

214	1　これぞ国民酒　焼酎
219	2　日本でも大人気　マッコルリ
220	3　オールモルト登場　ビール
222	4　種類いろいろ　伝統酒など
223	5　安上がりの大宴会　コンビニ飲み

225　第8食　韓国ローカル料理

226	1　美味い、凄い、珍しい　全羅南道
230	2　釜山だけのB級グルメ
232	3　豚と馬と海鮮と　済州島

235　第9食　世界の料理 in コリア

236	1　料理で世界一周　梨泰院散策
237	2　中華料理とも韓国料理とも違う　朝鮮族料理
240	3　異国の中の異国　ウズベキスタン料理
242	4　郷に入れば郷に従え　日本料理（居酒屋）

| 246 | あとがき |
| 248 | 本書に登場する飲食店一覧 |

第1食
韓式屋台を極める

　B級グルメという言葉から連想するもの。それは、やはり屋台ではないだろうか。安い、美味い、早い…どこかで聞いたようなキャッチフレーズだが、そんな庶民の味方の話から、まずは始めよう。

　ソウルの街を歩いていると、本当にたくさんの屋台が目に入ってくる。繁華街や市場はもちろん、住宅街、オフィス街、学生街など、人がいれば、そこに屋台がある。昼は昼で、夜は夜で。

　小腹がちょっと空くと、すぐ目に入ってくる屋台は、ほとんど同じ品ぞろえ。同じような屋台が、ずらーっと並んでいる場合が多いのだ。軽食屋台の基本メニューは、**トッポッキ、オデン、スンデ**（豚の血の腸詰）、**ティギム**（てんぷら類）、**キムパプ**（海苔巻き）である。

　昼の屋台は、間食用の軽食中心で、酒類は置いていない。夜の屋台は、日本の屋台と同じような飲み屋である。昼はOLや子どもたちが立ち止まってはおやつをつまみ、夜はサラリーマンや若者たちがくだを巻きながらたむろしているわけだ。ただし、昼間からやっている飲み屋屋台もある。真っ昼間からおじさんたちが、真っ赤な顔をして寄り合い中だ。

　酒類を置いていない軽食屋台は**ノジョム**（露店）といって、日本の縁日の露店と同じである。一方、飲み屋屋台のことは**ポジャンマチャ**（布帳馬車）という。朝鮮戦争が終わったばかりの1950年代初頭に、布を張っただけの簡易飲み屋が登場。その姿が幌馬車に似ていることから、ポジャンマチャと呼ばれるようになったとか。

　ちなみに、英語の「Bar」という言葉は、西部開拓時代の飲み屋に馬をつないでおく棒（すなわちバー）があったことから、転じて飲み屋そのものを指すようになったという。どちらも馬が関係する偶然の一致が面白い。

　そんな韓国屋台の世界をのぞいてみることにしよう。

昼の屋台の人気メニュー

1 韓国屋台の王様
トッポッキ 떡볶이

ポイントはだし汁・ソース

　屋台の一番人気は、なんといっても**トッポッキ**だ。ドラマ『冬のソナタ』で、ペ・ヨンジュン扮する主人公チュンサンが「一番好きな食べ物」と言及したものだから、韓流ブームにのって日本でも知られるようになった。

　トッポッキは、うるち米を使った棒状の細い**トック**(韓国餅)を適度な長さに切り、**コチュジャン**(唐辛子味噌)で甘辛く炒めた(あるいは煮詰めた)料理。どこへ行っても必ずある、韓国ジャンクフードの王様だ。

　元来は朝鮮王朝時代の宮中料理で、醤油と砂糖で味付けした高級料理だった(**クンジュントッポッキ**と呼ばれる)。1970年代に入って、コチュジャンを使って甘辛くした真っ赤な即席トッポッキの登場により、庶民の食べ物として、人気のある大衆食のひとつになったのだという。

　真っ赤なソースにからまったトッポッキは、口の中で軽く粘り、ちょうどよく裂ける。日本のお餅と違って伸びない。もちもちっとした食感に、ほどよい歯ごたえ。クセになる甘辛味。まさに、おやつに最適だ。

　作り方はいたって簡単。鉄板の上で、だし汁で溶いたコチュジャンに砂糖や水飴を混ぜたソースと一緒にトックを炒め、煮詰めるだけ。この甘辛ソースは万能で、てんぷらや餃子、ゆで卵、キムパプ、スンデなど、屋台の店頭に並んでいるものなら、なんでもからめて出してくれる。

　店によって基本的な味に大差はない。それでも、甘い店、辛い店、美味い店、そうでもない店と、千差万別だ。餅の太さも違うし、**コチュカル**(唐辛子粉)増量の激辛の店もある。ポイントは、やはりだしの違いか。タシダ(肉)粉末、ミョルチ(カタクチイワシ)、タシマ(昆布)、ねぎや玉ねぎなどの野菜……。水飴の代わりに蜂蜜を使った本格派屋台もある。「ソース

の作り方は企業秘密だ」と、教えてくれない屋台もあるほどだ。釜山の人気トッポッキ屋**タリチプ**では、ソースを瓶詰めにして売っていた。

ラッポッキ(라볶이)に焼き餅

　このタリチプも最初は屋台だった。当時から大人気で、のれんの下からは、いつもお客さんの足がたくさんのぞいていたという。いつ行っても足ばかり見える店なので、いつのまにかタリ(足)のチプ(家)と呼ばれるようになったとか。現在は大きな店舗を構えるトッポッキ専門店だ。ちなみに、釜山のトッポッキは太くて、でかい。

　タリチプのような専門店も数多い(とくに小・中・高等学校界隈には100％ある)。ソウル中心部の新堂洞(シンダンドン)には**トッポッキタウン**と呼ばれる一角があり、これでもかとトッポッキ屋が軒を連ねている。そんな専門店の驚きメニューが**ラッポッキ**。トッポッキと一緒にインスタント・ラーメンの麺がからめてあるのだ。これぞB級グルメ中のB級グルメだろう。ほかにも、チーズをからめた**チーズトッポッキ**などがある。

　市場などでは、太めのスティック状のトックを炭火で焼いているアジュンマ(おばさん)が道端に座っていることも多い。ほんのりと塩味の効いたこの焼き餅は、私の大好物。シンプルで美味い。

釜山の人気店タリチプ

2 日本とは大違い オデン 오뎅

練り物だけしかない

　トッポッキに次ぐ人気メニューは、**オデン**である。日本が朝鮮半島を併合・占領していた帝国主義時代（韓国では「日帝時代」という。1910〜45年）に、日本から伝わってきたそうだ。

　しかし、オデンとはいっても、日本のおでんとはかなり勝手が違う。ちくわも、はんぺんも、がんもどきも、卵も、大根も、ない！　あるのは練り物だけ。基本的に具が2種類しかないのだ。平べったい魚の練り物を折りたたんで長めの木串に刺したものと、棒状の練り物をやはり木串に刺したものだけである。韓国では、練り物のことを「オデン」と呼ぶのだ。

　真っ赤なトッポッキの鉄板の横で、湯気の中から長い串がニョキニョキっと何本も突き出ている。その中の一本を取り、壺に入ったタレにつけて口に運ぶ。美味い！　日本人の口に合う味だ。

　ただし、一口では到底食べきれない。しかも細長いので、全部を一度にタレに浸すことができない。半分食べかけの、オデンはどうする？　かじりかけの、このオデン。禁断の2度づけか……。

　心配御無用。禁断でもなんでもなく、2度づけ、まったくOKなのだ。2度づけどころか、3度でも、4度でも。大阪の串カツ屋さんが見たら激怒するかもしれない。

　日本と韓国、似ているがゆえに、違う部分に遭遇すると驚くことが多い。とくに、食事のマナーには愕然とする。箸渡しOK、じか箸OKなど、慣れない日本人には大変なことかもしれない。タレの2度づけも、そんなマナーの違いのひとつなのだ。郷に入れば郷に従え。どんどんつけて、どんどん食べまくろう。

主役はスープ

　実は、オデンについてもっとも異なる点は別のところにある。極端にいってしまえば、韓国オデンの主役は、具ではなく、**オデンクンムル**（오뎅국물）と呼ばれるスープのほうなのだ。

　冬の寒い日に、屋台のオデンクンムルを飲んで暖をとり（紙コップに注いでくれる。無料）、トッポッキやオデン、キムパプをちょこっとつまんで、リフレッシュ。そしてまた、街に繰り出すのだ。仕事中のサラリーマンやOL、学校帰りの学生から、買い物帰りのおばさんたちまで、すべての人がホッと一息。それが韓国オデンの本当の役割なのだ。

　このオデンクンムルは、化学調味料だらけの屋台も多い。しかし、昔ながらの手法で、美味しく作っている屋台もある。

　スープのだしの基本は、ミョルチ（カタクチイワシ）、タシマ（昆布）、玉ねぎ、それに大根だ。スープ鍋の底に大根が沈んでいることがある。「おでんといえば大根。どうしても食べたい」と思ったら、思い切って店のおばさんに声をかけてみよう。十中八九、ただでくれるはずだ。日本では人気ナンバー１の具である大根も、こちらではただのだし。韓国オデンにとっては陰の立役者にすぎない、食べられることのない裏方なのである。

　逆に韓国人が日本でおでんを食べると、面食らうことが多い。「スープが飲めないなんてオデンじゃない」と言いだす人もいる。日本のおでんのスープは、韓国に比べて味が濃い。そりゃ、そうだ。日本では、ほんの少しすることはあっても、ごくごく飲んだりしないから。

　ところで、ソウルでも「釜山オデン」と謳っている屋台では、**パルガンオデン**（빨간오뎅）（赤いオデン）という、スープが真っ赤な辛いオデンがある（だし汁にワタリガニが使われている屋台も多い）。**チーズ入りオデン**、**唐辛子入りオデン**などのバリエーションがある屋台も存在する。また、釜山には本来の日本式おでんを出す店もあるという。

昼の屋台の人気メニュー

3 グロテスクだけど美味しい
スンデ 순대 🌶🌶🌶🌶

豚の血の腸詰

　スンデをはじめて見た人は、そのグロテスクな容姿にかなり驚くだろう。どう見ても、とぐろを巻いた黒褐色の長〜いウ○コにしか見えない。その存在感のある姿で、屋台の軒先にどかんと鎮座している。

　スンデとは、豚の血の腸詰のこと。豚の小腸に、もち米、生姜・ニンニク・ねぎなどの野菜、香辛料、それに**タンミョン**(唐麺＝韓国春雨)などを詰めて茹でた(あるいは蒸した)、血入りソーセージの一種である。もっちゃりとした歯ごたえがなんともいえない、魅力的な食感だ。

　屋台でよく出されるスンデは、豚の腸(食用ビニールとの噂もあるが……)と血と韓国春雨でできているチャルスンデという簡易バージョンがほとんどだ。それを店先で蒸して、温めている。

　屋台では、適当に切り分けて皿に盛る。そのときに付け合わせで、豚のレバー(肝臓)、フワ(肺)、ガツ(胃)、マメ(腎臓)などの内臓を煮たものもセットにして出してくれる。こうなれば、酒の肴にもってこいの一品だろう。実際スンデは、呑んべえ屋台でも人気メニューのひとつだ。

種類も食べ方もいろいろ

　スンデは、各地にいろいろな種類が存在する。もっとも有名なのは、豚の大腸を使用した**アバイスンデ**だろう。「アバイ」は北朝鮮の咸鏡道(ハムギョンド)地方の方言で、お父さんを意味する。朝鮮戦争のときに南下してきた避難民によって作られ、江原道(カンウォンド)の束草(ソクチョ)の名物として有名だ。

　ほかにも、牛の小腸で作る京畿道(キョンギド)の**白岩スンデ**(ペガム)、ソウルの屋台の簡易スンデにもっとも近い忠清南道(チュンチョンナムド)の**竝川スンデ**(ビョンチョン)、雌豚の丸腸や子袋を使った

コリコリとした歯ごたえの全羅南道潭陽郡(チョルラナムド タミャン)の**アムポンスンデ**などがある。

食べ方もそれぞれだ。ソウルでは、唐辛子をまぶした塩に少しつけて食べる。江原道では、**セウジョ**(アミの塩辛)につけて食べる。釜山では、**マクチャン**と呼ばれる独特の合わせ味噌につけて、光州(クァンジュ)では**チョコチュジャン**(唐辛子酢味噌)につけて、済州島(チェジュド)では酢醤油につけて食べる。

スープが酒のつまみ⁉

ソウルには専門店が数多くあり、工夫を凝らした本格的なスンデが食べられる。屋台の簡易バージョンも十分いけるが、これらは一味も二味も違った奥深さをみせてくれる。

ソウル南西の新林洞(シルリムドン)には、**スンデタウン**と呼ばれる、すべてスンデ料理屋のビルもある。そこには、スンデを野菜と一緒に炒めた**スンデポックム**(순대볶음)₩₩₩や、スンデと内臓肉を煮込んだスープの**スンデククク**(순대국)₩₩₩~₩₩₩といったメニューが並ぶ。

また、**スルクク**(술국)というメニューも載っている。直訳すると「酒汁」だ。なんだ、酒汁って？ お酒のスープ？ 実は酒のつまみ用のスープで、これをつまみに焼酎(ソジュ)を飲むオヤジたちがいるのである。スープがつまみって！ だが、私もいつのまにか、スープをつまみに焼酎(ソジュ)を一杯やっている。これって、韓国人化したってことか。

一説によると、スンデはチンギス・ハーンが携帯食料としていたモンゴルの羊の腸詰、ツォトガスン・ゲデスから伝わったといわれている。こうしたブラッド・ソーセージは、世界中いたるところにある。

イギリスのブラック・プディング、ドイツのブルート・ヴルスト、フランスのブーダン・ノワール、スペインのモルシーリャ、イタリアのサングイナッチョ、フィンランドのムスタマッカラ、沖縄のチーイリチー……。

全部並べて、試食してみたい。どれが一番なんだろう。

昼の屋台の人気メニュー

4 韓国風てんぷら
ティギム 튀김

衣は厚いがサクッと揚がる

　ティギムは、油で揚げるという意味の動詞「ティギダ」の名詞形で、揚げ物全般を指す。なお、韓国で「てんぷら」というと、オデン、すなわち揚げた練り物一般を指すので、ややこしい。

　ティギムの衣は、日本のてんぷらよりはるかに厚くどっしりとしているが、サクッと揚がっていて、西洋のフリッターに近い食感だ。屋台では、軒先に並ぶティギムを注文すると、もう一度軽く揚げてくれる。でも、冷めてもサクサクとした食感が残っていて、けっこう美味しい。

　ティギムの中身は、野菜のかき揚げ、エビ、イカ、サツマイモ、ゆで卵、挽き肉入り青唐辛子、ケンニプ(エゴマの葉)など多種多様。最近は、パセリや香辛料などを衣に練り込んで揚げた**ハーブティギム**も流行っている。

若者は春雨が好き？

　若い人たちにとくに人気のネタは、**キムマリ**(김말이)だ。キムマリとは、タンミョン(韓国春雨)を海苔で巻いて揚げたもの。海苔の香ばしさに春雨のモチモチ感が加わり、しかもカラッと揚がっている。たしかに美味い。

　それから、**マンドゥ**(만두)(餃子)。屋台のマンドゥは、中華料理屋やマンドゥ専門店のものとは大違いである。そうした普通のマンドゥの中身は、日本の餃子よろしく挽き肉と野菜だが、屋台の場合はこれまた韓国春雨。春雨を餃子の皮で包み、カリカリに揚げているのだ(ちなみに、韓国のマンドゥは揚げ餃子か蒸し餃子で、焼き餃子はない)。

　こうしたティギムは揚げたてを醤油のつけダレで食べるのが基本だが、若者たちの多くは、トッポッキの甘辛ソース(←16ページ)にからめて食

べている。やはり屋台でつまむものは、おやつ感覚なのかもしれない。

　なお、フライドポテトなどのから揚げ類も、すべてティギムと呼ばれている。ただし、西洋風の鶏のから揚げは**フライドチキン**、もしくは省略して単に**チキン**といわれる場合が多い。「チキンを食べに行こう」と言われたら、それは鶏料理ではなく、フライドチキンの店に行こうという意味なので、ご注意を。

屋台に並ぶさまざまなティギム

昼の屋台の人気メニュー

5 超ポピュラー キムパプ 김밥

酢飯を使わない海苔巻き

　もっともポピュラーな韓国の軽食は、**キムパプ**（海苔巻き）だ。「キム」は海苔、「パプ」はご飯という意味で、日本から伝わった。ご飯を海苔で巻いて輪切りにするところは同じだが、「朱に交われば赤くなる」というが如し。日本の海苔巻きとはかなり違う装いになっている。

　なんといっても一番違うのは、酢飯を使わないこと。もともと韓国人は酸っぱい味が不得意で、食卓にある酢もかなり弱い。酢の代わりに、ごま油と塩でご飯の味を調える。巻いた後で、外側の海苔にさらにごま油を塗るときもある。引き立つ香ばしさ。これは、病みつきになる味のひとつだ。

　具は単品ではなく、複数の食材が入っている。日本の太巻きに近い感じか。人参、ほうれん草、たくあん、きゅうり、ハム、カニかま、エゴマの葉、卵焼きなどを巻いて食べる。

　中に入れるメインの具によって、**ソコギキムパプ**（牛肉海苔巻き）、**キムチキムパプ**（キムチ海苔巻き）、**チャムチキムパプ**（ツナ海苔巻き）、**チーズキムパプ**（チーズ海苔巻き）、**ヤッチェキムパプ**（野菜海苔巻き）など、いろいろな種類がある。口の中でさまざまな味が混じり合うことが、韓国のなんでも混ぜ合わせて食べるビビンパ（ピビムパプ）文化にマッチしたのかもしれない。

　海苔を内側に巻き、米飯を外側にして具を巻いた**ヌードキムパプ**もある。いわゆるカリフォルニア・ロール・スタイルだ。1990年代に登場したニュー・ウェイヴ海苔巻きである。一口サイズの**コマキムパプ**（子ども海苔巻き）を売っているトッポッキ屋台も多い。これをトッポッキの甘辛ソースにからめて食べるわけだ。

遠足の定番

1990年代初頭からは、キムパプ専門のチェーン店が数多く出没し、全国展開されている。テイクアウトのときは、一本ずつアルミホイルに包んでくれる。ビニール袋の中に、銀色の棒状の物体が何本も詰まった状態になる。

屋台や食堂だけでなく、家庭でも多く作られる。とくに子どもの遠足や行事のお弁当なら、必ずといっていいほどキムパプだろう。「やっぱりお母さんのキムパプが一番美味しい」と、おとなになってからも思い出話として語る韓国人は多い。遠足といえば日本ではおにぎりだが、韓国ではキムパプである。コンサートや野外イベント出演者のためのケイタリングでも定番だ。

ご飯だけの海苔巻きもある

忠武(チュンム)キムパプという、具を何も入れない、ご飯だけの一口サイズの細い海苔巻きも有名だ。ご飯には、ごま油などの下味が一切ついていない。大根のキムチカクトゥギ()))))、イカやタコの甘辛炒め()))))などと一緒に食べる。韓国南部・慶尚南道(キョンサンナムド)の港町の忠武(現在の統営市(トンヨン))が発祥の地であるために、そう呼ばれている。

時は1940年代後半、オ・ドゥリという女性が、すぐに饐えて(す)(腐って)しまうキムパプをなんとか長持ちさせられないかと思い、具の入っていない海苔巻きを作ったという。酢飯を使わない韓国キムパプは傷みやすいので、この長持ちするキムパプは評判となり、地域一帯に定着した。その後1980年代になって、オ・ドゥリさんがソウルで開催されたイベントで紹介してから、全国に知れ渡ったそうだ。

統営港に面した通りにはキムパプ屋が立ち並び、そこにはオ・ドゥリさんの肖像写真がでかでかと飾ってある**トゥンボ ハルメ キムパプチプ**(デ

トゥンボ ハルメ キムパプチプ。左の写真がオ・ドゥリさん▶

ブッちょ婆さんの海苔巻き屋)がある。写真には「忠武キムパプの創始者」とのキャプション。店内には忠武キムパプの由来が書かれたボードが飾ってあり、まさに元祖ならでは。

韓国のおにぎりといなり寿司事情

　おにぎりのことは**チュモクパプ**(주먹밥)という。直訳すると「げんこつ飯」。最近、コンビニでおにぎりを売り出すとき、こんな名前じゃ売れないからと新たに考案された呼び名が、**サムガク**(三角)**キムパプ**。見たままの名前だが、キムパプと銘打っているところがミソ。具は、**キムチ**、**プルコギ**(牛肉)、**チャムチ**(ツナ)など、かなり韓国風。ピビムパプ味というのもあった(**コチュジャン飯のおにぎり**)。残念なことに梅干はない。

　いなり寿司もポピュラーだ。**ユブチョバプ**(유부초밥)(油腐酢飯)と呼ばれている。日本のものに比べて一回りか二回り小さく、まさに一口サイズ。ちゃんと酢飯で作るけれど、ちょっと酢が弱いかなぁ。前述のとおり、韓国人は酸っぱい味が苦手な人が多いから。また、日本のいなり寿司ほど甘くない。かなり素朴な味だ。

麻薬キムパプ!?

　美味しいキムパプで有名な屋台のひとつを紹介しよう。ソウルの鍾路(チョンノ)4街の広蔵(クァンジャン)市場内にある、その名も**麻薬(マヤク)キムパプ**だ。ここのコマキムパプが、別名「麻薬キムパプ」といわれている。あまりに美味しいので、クセになって麻薬のようだということから、こう呼ばれるようになったらしい。

　30年以上の歴史があり、美味しさが話題を呼んだ2000年ごろから麻薬キムパプといわれるようになったという。ただし、「麻薬」という単語では商標登録できず、困っているそうだ。そりゃそうだろう、いくらなんでも麻薬ってのはね。

　一口サイズの海苔巻きに、炒めた人参とニラが、たくあんと一緒にちょこっと入っている。それを辛子醤油につけて食べるという、いたってシンプルなもの。しかし、そのシンプルさが曲者で、あっという間に完食してしまう。ほうれん草ではなく、ニラが入っているあたりが、ポイントなのかもしれない。店の人によると、ほうれん草は傷みやすいからニラにしているという。辛子醤油も、ほかの店ではあまり見かけない。

◀アルミホイルに巻かれたキムパプ

昼の屋台の人気メニュー

6 甘さひかえめ
オクスス 옥수수

オクススは茹でトウモロコシ。日本のものほど甘くなく、素朴な味だ。しかも、茹でただけで、醤油もつけない。初めは、こう思った。

「なんだ、このトウモロコシ。全然甘くなくて、美味しくないなぁ〜」

ところが、もちもちっとした食感がクセになる。微かな甘味の素朴な味に懐かしさを覚えながら、結局全部食べてしまうのだ。

現在、日本で食べられているトウモロコシはスィート・コーンが多い。その名の如く、甘くてジューシーだ。しかし、1960年代までは、おもにモチトウモロコシ（ワキシー・コーン）という品種を食べていた。韓国ではこれがいまも中心である。韓国語で**チャルオクスス**という。ちなみにスィート・コーン（韓国語で**タンオクスス**）もあるが、なぜか圧倒的にモチトウモロコシが人気である。

粒の色は、白、黄、赤紫、黒とさまざまだ。それらの粒が一本に混じっている場合もある。真っ黒なトウモロコシは、かじるのにちょっと勇気がいるかもしれないが、実が黒いのは甘味が多い種類だとか。

茹であがったばかりの熱々を頬張ると、しっかりとした食感に自然な甘味。なんだか、健康にもよさそうな気がしてくる。

トウモロコシ茶（**オクススチャ**）や、トウモロコシのひげのお茶（**オクススヨムチャ**）も、コンビニやスーパーで売っている。香ばしくて、すっきり。ウーロン茶（韓国では一般的ではない）や麦茶（**ポリチャ**）の代わりに、ぜひどうぞ。

昼の屋台の人気メニュー

7 手軽な朝食
トースト 토스트

韓国料理にトースト？と疑問に思われる方が多いかも。正確にいえば、トースト・サンド（あるいはホット・サンド）だが、韓国では**トースト**（発音は「トストゥ」）と呼ぶ。

　鉄板の上にバターをひいて、食パンを焦げ目がつく程度に焼きあげ、卵焼き、ハムやチーズ、それに千切り野菜をはさめば、ハイ出来上がり。ずっしりとした、けっこうなボリュームである。西洋風というわけではなく、なんというか、懐かしい味なのだ。

　ソースはケチャップが一般的。マスタードや、サウザンド・アイランドのような特製ソースもある。「マヨネーズはないか」と尋ねたが、ほとんどの屋台で置いてなかった。砂糖（あるいはジャム）多量の超〜甘い味付けが多いけれど、最近は頼めばノー・シュガーも作ってくれる。熱々で香ばしいトーストは、小腹が空いたとき重宝する。

　トースト屋台は、早朝に出ていることが多い。出勤の忙しいときに、軽く食べられる朝食の役割を果たしているのだ。日本でいえば、駅のホームの立ち食いそば屋にあたるだろう。もちろん、テイクアウト OK。だいたいアルミホイルで包んでくれるが、紙コップに丸めて差し込んでくれる屋台もある。この手軽でアバウトな感覚が、また庶民的だ。

　1970年代なかばから徐々に広がり始めたらしい。釜山には当時から焼き続けている店もあって、日本人観光客に人気があるという。

　最近は Isaac というトースト専門のチェーン店が全国展開されている。こちらはトッピングを事細かに注文できるので、ベジタリアンやダイエット中でも気軽に食べられる。

昼の屋台の人気メニュー

8 おやきに似たスィーツ
ホットク 호떡

平たく丸い揚げパンケーキ風の、おやきに似たスィーツ。中には、蜜状になった黒砂糖とシナモンが入っている。目の前で、油をひいた鉄板の上で作られるので、もちろん熱々だ。サクサク、もちもち、そして中身がとろ～り。こりゃ、たまりません。

寒空で食べるこの甘味に、ホッと一息。冬のおやつにもってこいだ。

「ホ」は「胡」と書き、中国のこと。「トック」は餅。つまり、**ホットクは中国の餅**という意味で、19世紀末に移民してきた中国人が売り出したといわれている（中国の焼餅(シャオビン)が元祖なのかも）。

やはり、屋台によっていろいろなバリエーションがある。油をあまり使わずに表面をこんがり焦がすように焼くスタイル、生地にトウモロコシ粉や緑茶などを練り込んだもの、ナッツをトッピングしたもの……。

新大久保（東京都新宿区）のコリアンタウンでは、チーズや蜂蜜、あんこを入れて売っていた。釜山で流行っている**シアッホットク**（種ホットク）は、ヒマワリやかぼちゃの種、ピーナッツなどが入っている。その香ばしさが人気の秘密だとか。

◀ホットクの屋台

昼の屋台の人気メニュー

9 屋台ならではの新しいジャンクフード
ケランパン 계란빵

　韓国にもたい焼きがある。ただし、韓国語では「鯛」焼きではなく、「鮒」焼きで、**プンオパン**(붕어빵)と呼ぶ。日本のたい焼きより一回り小さめだが、皮が薄く、しっぽにまでびっしりあんこが詰まっている。

　その亜流のひとつで、大判焼きの中に卵を入れて焼いた食べ物が、**ケランパン**だ。ケランは「鶏卵」の意味である。

　1990年代の終わりごろに、大判焼きの亜流がいろいろ登場した。たとえば、ピザ風味とかチョコレート入りとかで、ケランパンもそのひとつだ。一過性の流行で終わるかと思いきや、卵という発想が功を奏してか、毎年冬になると、ホットク(←30ページ)の屋台に混じって、ケランパンの屋台が必ず出没するようになった。

　中身があんこではないため、甘さ抑えめ。それが、小腹が空いたとき、ちょっとつまむのにちょうどいいっていう感じなのだろう。簡素な味だが、ほのかな甘さと卵による絶妙な味のコントラスト。まさに軽食にもってこいの一品である。

夜の屋台

10 ポジャンマチャにいざ出陣

メニューはほぼ同じ

　夜の屋台は**ポジャンマチャ**という。夕食を兼ねるときもあるが、当然、目的は酒。**ソジュ**(焼酎)、**マッコルリ**(韓国どぶろく)、**メクチュ**(ビール)……。夏はそのまま歩道に簡易テーブルや椅子が並ぶオープン・エアー、冬はビニール・シートで周囲を囲んだ路上店が出現する。季節を問わず、明け方まで。基本はカウンターだが、それを取り巻くようにテーブルや椅子(もしくはビール・ケース)が並べられる。夏の深夜などは、歩道いっぱいに広がっていて、「おいおい、それって道路交通法違反だろう」という感じだ。

　ただし、冬はかなり寒い。ソウルで一年のうちに何日かはある極寒の日(マイナス15℃以下)には、いつもの屋台の姿が一軒も見当たらなかったこともある。そんな日に外で飲んだら、まかり間違えば凍死してしまうもんなぁ～。

　このポジャンマチャは、どこもかしこも軒並み連なってあるのだが、そのほとんどがだいたい同じメニュー。そうなると、ついつい顔なじみのおばさんの店に入ってしまうのが人情だ。そしてそこは、韓国人にとって重要な飲みニュケーションの場となる。

　メニューはどんなものかといえば、まず、タコやイカ、貝、エビ、**コムジャンオ**(ヌタウナギ)などの魚介類(←第3食)。そして、**タクトンチプ**(砂肝)、**タッパル**(鶏の足)、**テジコプチャン**(豚の小腸)、**オドルピョ**(豚の軟骨)などの肉(←第2食)。どれも目の前のガラス・ケースに収まっていて、注文すると鉄板で炒めて出てくるのが基本だ。

　それから簡単なスープを出してくれる。うどんなど、食事のメニューも

ある。もちろん、昼の屋台の人気メニューのスンデ、オデン、ティギムがある店も多い。

言葉はわからなくても、指差しで注文できるところがいい。実際、店のアジュンマ(おばさん)は韓国語しかしゃべれないし……。

雨の日はお好み焼きでマッコルリ

ソウルの地下鉄2号線阿峴駅(麻浦区)からすぐのところに、プレハブ小屋がずらりと立ち並ぶ、独特な**ポジャンマチャ横丁**がある。そのすぐそばには、韓国式お好み焼きがメインの飲み屋が集まった**プッチムゲ横丁**もある。

韓国式お好み焼きを日本ではチヂミというが、韓国では**プッチムゲ**(부침게)と呼ぶ。また、小麦粉をまぶして軽く揚げた料理の総称は**ジョン**(전)である。ジョンもプッチムゲもほぼ同じ意味で使われる。チヂミでも意味は通じるが、あまり使われない。

ネギのジョンは**パジョン**(파전)、海鮮チヂミは**ヘムルパジョン**(해물파전)、牡蠣のジョンは**クルジョン**、キムチのジョンは**キムチジョン**、レンコンのジョンは**ヨングンジョン**、ニラのジョンは**プチュジョン**、スケトウダラのジョンは**トンテジョン**、イカのジョンは**オジンオジョン**、豆腐のジョンは**トゥブジョン**、緑豆の粉でできたチヂミは**ノクトゥジョン**(녹두전)(**ピンデトック**(빈대떡)ともいう)、そば粉を生地に練り込んだチヂミは**メミルジョン**、ジャガイモをすりおろして焼いたチヂミは**カムジャジョン**(감자전)。そして、盛り合わせは**モドゥムジョン**(모듬전)だ。手軽で人気のある、韓国伝統的軽食を代表する料理だろう。

韓国人は、雨が降ると「プッチムゲをつまんでマッコルリを」という気分になるそうだ。ジョンを焼くジュージューという音が雨を連想させると

か、雨の日は外出が面倒なので食事をありあわせのジョンですますからとか、雨が降ったら仕事がないのでマッコルリを飲むしかないとか。

たいして安くはありません

　ポジャンマチャの体験談をひとつ。漫画家の高信太郎先生が実際に体験した、落語のような出来事である。

　高先生がソウルのポジャンマチャで、**ナクチポックム**（タコの炒め物→108ページ）を頼んだら、出てきたのは**オジンオポックム**（イカの炒め物）だった。オーダーが違うと文句を言ったら、店の主曰く。

　「なんだ、日本人はちまちましたことにうるせーなぁ。タコよりイカのほうが、足が２本も多いんだから、得したと思え」

　これには高先生もギャフン、素直に出されたものを食べたそうだ。

　ところでポジャンマチャ、屋台だからといって特別に安いというわけではない。もちろん日本に比べたら格安だけれど、居酒屋などで飲み食いするのと、たいして変わらない。値段が書いていない店がほとんどなので、「ぼったくられた」と思う方がいるかもしれないので、ご注意を。

ソウル中心部の広蔵（クァンジャン）市場のポジャンマチャ

第2食
やっぱりお肉から！

　韓流が定着したいまでも、"韓国の食"と聞けば、多くの人が、"焼肉"を連想するだろう。焼肉屋のメニューに並ぶ「カルビ」「ロース」「タン塩」「レバー」「ホルモン」といった言葉の響きに心躍らずにはいられない……。この国に来る前、私もそうであった。

　はじめて韓国に来たとき、食って食って食いまくるぞ、と思った。ところが、うまく食べられずに終わってしまったのだ。それは、なぜか。

　まず、看板からメニューにいたるまで基本的にハングルのみ。日本の居酒屋のように、壁にハングルでメニューを書いた紙が貼ってあるだけの店なんてざらだ。最近は、英語/日本語の表記が添えてある小洒落た店も多い。ただ、元来へそ曲がりな私は、ガイドブックに載っているような観光客目当ての店には、あえて行かなかった。

　そして、それ以前の問題として、まったく韓国語のわからなかった私には、食堂を見つけるのが難しかったのだ。食堂の多くは、大通りからちょっと脇にそれた路地裏に密集している。はじめて来たときは、なんか怖くて、そんな裏通りに足を踏み入れることができなかったのである。

　さらに、日本の韓国料理店は、おおむねなんでもある「お好み食堂」化しているが、韓国ではカルビが食べたかったらカルビ屋、ホルモンが食べたかったらホルモン屋、冷麺が食べたかったら冷麺屋に行くのが原則だ（カルビ屋のメニューには、食後の冷麺もよくあるけれど）。

　ともあれ、焼肉が私と韓国を結びつけたファースト・ステップだったことは間違いない。

1 焼肉といえば 牛 肉

骨付きカルビ(갈비)を豪快に

最初はこれから始めざるを得ない。焼肉の王様カルビである。

カルビの食べ方は日本と同じだ。焼いて食べる。タレ焼きはもちろん、そのまま焼く塩焼きもある(ごま油＋塩をつけて食べる)。

そして、多くの店で、カルビといえば**骨付きカルビ**だ。日本の焼肉屋でカルビを注文した韓国人が、こんなのカルビじゃないと言ったとか言わなかったとか。そもそも、「カルビ」という言葉は肋骨を指す。

実は、厳密にいえば、カルビという部位はない。日本では、脂ののった部位をカルビ、赤身が多い部位をロースと称しているにすぎない。韓国でも最近は**カルビサル**(カルビ肉)と称し、日本のように切り分けた肉を提供しているリーズナブルな店も多い。

が、しかし、どちらにしても量がすこぶる多い。韓国料理は、たいてい量が半端ではない。肉は、まさにてんこ盛り状態でやってくる。ガンガン焼いてガンガン食べる。

ある日、私が遭遇したソウルの焼肉屋での光景。ふたり連れの日本人女性観光客が「カルビ2人前に、ロース2人前に、あと冷麺と…」と、まるで日本の焼肉屋感覚で頼んでいるのを目撃した(観光客も多い有名店だったので、メニューに日本語表記も付記されていた)。

その後、ふたりでは到底食べきれない量の料理が運ばれてきたのはいうまでもない。なにしろ店員がサイドテーブルまで持ってきて、そこにズラーッと肉を並べたのだから。それこそテーブルの脚が折れるほど。目を白黒させていた彼女たち、あれ全部食べたのかなぁ。

食べ方も豪快そのもの。まず、肉の塊がある程度焼けたら、大きなハサ

ミでジョキジョキと切り分ける。この作業はたいてい、店のお姉さんやおばさんがやってくれる。肉がなくなれば、すかさず「2人前追加」とか「あと3人前くださ〜い」と豪快に追加注文する。

　このとき、韓国人と一緒に食べていて、仮に**ヤンニョムカルビ**(タレ付きカルビ)を食べていたら、追加注文もすべてヤンニョムカルビになってしまうことが多い。こちらとしては、追加では趣向を変えて違うメニューをと思うのだが、彼らに任せていると基本はすべて同じ。まぁ、こちらから提案すれば、「ああそうですね」とすんなり違うメニューも頼んでくれるのだけれど……。

　霜降りカルビを薄くスライスした**チャドルバギ**(차돌박이)を出す店もある。日本のハラミ(横隔膜の背中側)にあたる**アンチャンサル**(안창살)はリーズナブルな一品だ。カルビのスープ料理**カルビタン**(갈비탕)がメニューにある店も多い。韓国料理にしては珍しく辛くない、さっぱり味の一品。煮込んだ骨付きカルビが、とろりとしていて美味いぞ。

サービスの野菜や小皿料理と一緒に食べる

　頃合よく焼けたら、肉は基本的に**サンチュ**(チシャの葉)に巻いて食べる。サンチュの代わりに**ケンニプ**(エゴマの葉)で包む人もいる。チンゲン菜はじめ多種多様な葉っぱが皿に盛られて出てくる店もある。生ニンニクのスライス、キムチ、大根の甘酢漬けなども一緒に包んで食べる。いろいろ包むので必然的に大きな塊になる。大きな口を開けて、それを一気に一口で食べる。あまり欲張ると大きくなりすぎて食べられないので、要注意。なかには、ご飯も上手に、しかもコンパクトに包んで食べる人もいる。こうした野菜は、おかわり自由で、ただである。

　韓国人＝肉食というイメージがある方も多いだろうが、実際には野菜も非常によく食べる。ガンガンおかわりして、どんどん食べよう。豪快に出

てきたものを豪快に食す。このワイルドさこそが韓国スタイルだ。

　肉の合間には、大きな生の青唐辛子に味噌をつけて、がぶりとかじる。日本のししとうのようなもので、辛くない。ただし、忠清南道青陽郡(チュンチョンナムド)特産の青陽コチュ(チョンヤン)))))という、見た目ではまったく区別のつかない、鷹の爪より辛い種類もあるから、慎重にせねばならない。青唐辛子の先をちょっと食べてみて、辛かったら、それ以上手を出さないようにすること。

　ところで、肉を注文すると、頼んでもいない小皿料理が次から次へと出てくる。これらはパンチャンと呼ばれる。日本でいえば、お通しのようなものだ。これがまた、量が半端ではない。韓国の言い回しに「お客をもてなすときは、お膳の脚が折れるまで」というのがある。これは、お客さんをもてなすときは、お膳にのりきらないほど料理をいっぱい出すという意味。カルビ屋のパンチャンは、まさにこの言葉どおりだ。

　キムチ、カクトゥギ))))(大根のキムチ)といった日本でもお馴染みの漬物類をはじめとして、豆腐、ポテトサラダ、卵焼き、うずらの卵、**ケジャン**))))(ワタリガニの唐辛子味噌漬け)など、お店と季節によって、多種多様のお皿がところ狭しと並ぶ。これらも、おかわり自由で、無料である。

　こんなサービス、まさに韓国ならでは。そもそも韓国で"サービス"という概念は、「ただで何かがもらえること」なのだ。日本に来た韓国人がよく「日本ではキムチもたくあんも、お金を取る」と目くじらを立てるのも、韓国の日常を知れば理解できるというものだ。

ロースやヒレは塩焼きで

　カルビよりロースのほうが好きという方もいらっしゃると思う。でも、韓国の焼肉屋にロースという呼び名はない。そもそもロースという言葉は和製英語で、「roast」(焼く)という単語から転訛したもの。肉の「焼いたら美味い部分」という意味なのだ。韓国でロースに相当する部分は**トゥンシ**

ム(등심)である。「トゥン」は背中、「シム」は牛の筋を意味する。

　ちなみに、ヒレにあたるところは**アンシム**(안심)という。「アン」は内側という意味だ。日本語のヒレという呼び名は、「切り分ける」という意味の「fillet」から来ている。

　トゥンシムやアンシムは、塩焼きで食べる。注文すれば、ステーキのような分厚い肉の塊がドーンと出てくる。ハサミでジョキジョキと切り分け、豪快に。トゥンシムを薄切りにし、ごま油でもんで焼く**チュムルロク**(주물럭)というスタイルもある。「チュムルロク」は「こねくり回す」という意味だ。

　コットゥンシム(꽃등심)というメニューがあったら、ぜひ一度ご賞味あれ。霜降りロースのことで、直訳すると「花ロース」。肉を輪切りにしたとき、旨味の脂肪部分が花びらのように見えることから、そう呼ばれる。

　壁にあるメニューのほとんどに日本語表記が併記されていた日本人観光客も多い店で、ひとつだけハングルしか表記されていないメニューがあった。それがコットゥンシムだった。その店の社長さんは「うちで一番美味しいのはこれ。ほかのメニューは食べなくていいよ」なんて言っていたけど、日本人観光客の多くは読めないから、頼めないじゃん！　隠しメニューってか。

　ママさんは「あまり多量に入荷しないから、みんなが頼んだら困っちゃうのよ〜」なんて言っていたけど、なんともちゃっかりしてるよなぁ。

プルコギが焼肉の語源

　有名な牛肉料理に**プルコギ**(불고기)がある。韓国人が日本の焼肉を説明するときに「日本式プルコギ」ということが多い。たしかに「プルコギ」は「火の肉」という意味だから、焼肉を言い表すのにちょうどいい。もっとも、その形態はまったく違うので、はなはだ誤解を招きやすい。

プルコギとは、薄くスライスした肉を、日本のジンギスカン鍋のような真ん中が盛り上がった鉄板の上で、たっぷりの醤油ベースのタレと、きのこや野菜などと一緒に焼いて(煮て)食べる料理である。普通の鍋で、すき焼きのようにして作る家庭も多い。
　家庭でも簡単に作れる人気料理ということもあり、肉料理の代表＝プルコギというイメージがある。ハンバーガー屋にも**プルコギバーガー**なるメニューがあるくらいなのだから。
　日本で1970年代に、朝鮮半島問題を発端として、「朝鮮料理屋」「ホルモン屋」などと称していた店のうち、韓国支持派の食堂が「韓国料理屋」と名乗りだした。そのとき、残りの店がプルコギを日本語に直訳した「焼肉屋」という名称を掲げたという歴史がある。なんのことはない、韓国語のプルコギが日本の焼肉の語源だったわけである。

国産はやっぱり高い

　日本に和牛があるように、純韓国産の牛を「韓牛(ハヌ)」という。だが、これだけ多くの焼肉屋が存在するこの国で、どこもかしこも韓牛というわけにはいかない。だから、韓牛を売りにしている店は値段がそれ相応である。日本で食べるのとあまり変わらないだろう。多くの店は、輸入牛、とくにオーストラリア産を使用している。
　たまに **L.A. カルビ**というメニューを目にする。つい「ロサンジェルスカルビの略か、アメリカ式のカルビだな」などと思いがちだが、半分アタリで、半分はハズレだ。L.A. カルビは、カルビを骨ごと垂直に細くスライスしたもので、L.A. は Lateral Axis (横軸)の略。すなわち、カルビを側面(横側)からカットしたという意味なのだ。
　1960年代にアメリカに移住した韓国人たちの間で流行った食べ方で、そういう意味では、まさにアメリカ式なのである。いまでも多くの韓国人

が"ロサンジェルスカルビ"だと思っているのもたしかなのだが……。

まだまだいろいろ

最近では肉の細かい部分の呼称が目白押しだ。

サルチサル(サーロイン：あばら骨の上の部分)、**ナギョプサル**(プチェサル)(ミスジ：肩甲骨の下の部分)、**チマサル**(トモバラ：あばら骨の内側の肉)、**トシサル**(サガリ：横隔膜のあばら骨側)、**ウドゥンサル**(ランプ：腰から尻にかけての部分)、**チェビチュリ**(三角バラ：あばら骨中央部の肉)、**オプチンサル**(コオネ、ブリスケ：胸の肉)……。

牛肉を叩いて軟らかくしてミンチ状にしたものを固めた、早い話がハンバーグのようなメニューもある。全羅南道の潭陽の名物で、**トッカルビ**(떡갈비)という。軟らかくて食べやすく、ジューシー。牛肉100％ではなく、豚肉や鶏肉が混ぜてあることも。

たまに**ジンギスカン**(징기스칸)というメニューに遭遇するときもある。これは、日本のジンギスカン料理ではない。肉が羊じゃない、牛だ。

韓国人に「ジンギスカンってどんな料理ですか？」と尋ねたら、「しゃぶしゃぶです」との答え。ところが、出てきた料理は、しゃぶしゃぶもどき鍋。鍋にお湯を張り、野菜と薄くスライスされた肉を煮て、甘酢醤油ダレ(ポン酢とはいい難い)につけて食べる。残ったスープにはご飯を入れる。ただし、雑炊ではない。ごま油と韓国海苔を加えて、鍋で炒める。面食らうことばかりだが、美味しいので、よしとしよう。

手軽な牛肉の加工品には**ユッポ**(육포)(肉脯)がある。ビアホールなどの**マルンアンジュ**(乾き物)として、ときどき出てくる干し肉だ。簡単にいえば、韓国風ビーフジャーキーである。これ、味がしっかりしていて、甘くて、適度に軟らかくて、いやはや、アメリカ産のものより美味いじゃん！という逸品。ぜひ、お土産にどうぞ。

2 庶民の味方 豚　肉

タレが決め手の豚カルビ

　韓国人だって、年がら年中肉を食べているわけではない。日本に比べたら安いかもしれないが、肉はこちらでも高級品なのだ。とくに、牛肉はぜいたくな一品。日本での外食よろしく、「今日は外でちょっと豪勢にいきますか」なんて感じで、牛カルビは食されるのだ。

　でも、もっと頻繁に肉を食べたいと思う人も多いはず。そんな庶民の味方のカルビが、豚のカルビことテジカルビ(돼지갈비)である。

　韓国人は豚をよく食べる。もちろん牛肉より安いからでもあるが(比較すれば半額以下だろう)、決してそれだけが理由ではない。豚肉の料理方法の奥深さは、沖縄料理に似ていると思う。後述するが、韓国の豚足料理などに出くわすと、嫌でもその類似性を意識せざるを得ない。

　さて、そのテジカルビだが、肉が豚なだけで、食べ方は基本的に同じである。もみダレで下ごしらえした、てんこ盛りの肉を焼き、ハサミで切り分け、サンチュなどに巻いて食べる。豪快に、ワイルドに。

　ただし、塩焼きで食べることはまずない。味のポイントがタレにあるからだ。漬け込みダレは店によって違い、その味の善し悪しで客足も決まる。評判の店でテジカルビを食べれば、豚のカルビの美味さに、みな驚くであろう。韓国には、そんな風に美味い店がゴマンとあるのだ。

バーベキューは三枚肉で

　もうひとつ、豚肉を代表する焼肉料理、サムギョプサル(삼겹살)。赤身と脂肪が段々模様になった三枚肉だ。皮の部分も一緒にスライスして、我が店はオギョプサル(五枚肉)だという看板を掲げている店もある。

昔はほとんど冷凍肉だったが、最近は**センサムギョプサル**(生三枚肉)の店が一般的になった。
　サムギョプサルは、鉄板などの上でそのまま焼き、ごま油＋塩をつけて食べる。家庭やキャンプでもよく食べる。野外バーベキューといえば、サムギョプサルだ。韓国人の大好きな料理のひとつである。簡易コンロにアルミホイルを敷いた鉄板の上で焼くもっとも簡単な方法から、平らな石の上で焼くスタイル(トルパングイと呼ばれる)や、本格的な炭火焼きもある。サムギョプサルは、1960年代に建築工事現場の作業員たちが石材のスレートの上で焼いたのが始まりという。豚肉には有害重金属を体外に排出する効果があるといわれているのだ。
　最近では、**ワインサムギョプサル**、**チーズサムギョプサル**、**ハーブサムギョプサル**、竹の筒の中で寝かして熟成させたサムギョプサルなどなど、多種多様なサムギョプサル屋がある。手軽で一般的な料理だからこそ、店によっていろいろ工夫を凝らしているのだろう。
　カルメギサル(갈매기살)、**モクサル**(목살)、**ポルサル**(뽈살)、**ハンジョンサル**(항정살)といったメニューがある豚肉の焼肉店も多い。
　カルメギサルを直訳すると「かもめ肉」だ。えっ、カモメの肉を食うのか⁉ と最初は思ったが、実は豚の横隔膜である。さばいたときの形が、カモメが翼を広げたように見えるから、この名前がついたとか。モクサルは直訳すると「首の肉」で、肩ロースのこと。ポルサルは「頬の肉」、日本でもコメカミとかツラミとかの名称で知られている部分だ。ハンジョンサルは豚トロ。ハンジョンとは、牛や豚の首や肩を指す言葉である。

茹でるとポッサム、豚足はチョッパル
　豚肉は焼くだけではない。豚肉料理の代表格のひとつに**ポッサム**(보쌈)がある。これは茹で豚だ。スライスした茹で豚をサンチュや白菜な

どで巻いて食べる。さらに、生牡蠣入りのキムチが付いてくるのだから、頬っぺた落ちまくり。しかも、焼酎にピッタリ。ただし、ちょっとつまみにというわけにはいかない。基本、出てくる量はど〜んと山盛りである。

　豚足も似たようなスタイルで食べる。豚足は韓国語でチョッパル(족발)))))という。日本の焼肉屋で豚足を頼むと、ボイルした白い足首がそのまま出てきて、酢味噌をつけて食べるのが一般的だが、沖縄や台湾では、薬草やいろいろなだし汁でトロトロになるまで煮込む。チョッパルは、ちょうどその中間といった按配だ。ゼラチン質の歯ごたえを残しつつ、味も染み込んだ一品。これも酒のつまみにぴったりだが、ひとりでは注文できない。どでかい足の塊がテーブル狭しとやってくる。

　食べやすいようにちゃんとスライスしてあるが、骨も一緒に盛られてくる。そして、酢味噌ではなく、アミの塩辛(セウジョ)につけて食べる。これが豚足とよく合って美味い。アミの塩辛には豚肉のたんぱく質と脂肪を分解する酵素が多量に含まれていて、消化を助ける働きもあるという。なるほど一石二鳥なわけだ。

　冷菜風にアレンジされたネンチェチョッパル(冷菜豚足)))))というメニューもある。釜山で生まれた料理で、スライスされたチョッパルをきゅうりやキャベツ、クラゲなどと一緒に特製マスタード・ソースで食べる。さっぱりとした清涼感。ただし、マスタードの効きすぎにご用心。

　なお、日本人を軽蔑して呼ぶ言葉に「チョッパリ」がある(さしずめ英語の「Jap」に相当)。むかし日本人が草履を履いているのを見て、豚の蹄のようだと比喩したのが語源といわれている。韓国人にとってはものすごい悪口なのだが、外人から「Jap!」と罵られても、どうもピンとこないのと同じように、「チョッパリ」と言われても、なんだかな〜という思いだ(そう感じるのは私だけかもしれないが……)。

　そこで私はよく「チョッパリガ　チョッパルル　モゴヨ」(チョッパリが

チョッパルを食べます)とか、「チョヌン　チョッパリニカ　チョッパルル　チョアヘヨ」(私はチョッパリなので、チョッパルが好きです)なんてきわどいジョークを飛ばして、韓国の友人たちの度肝を抜いている。

トンカツじゃなくてトンカス

　日本で豚肉を使った代表的な料理にトンカツがある。韓国語の発音では**トンカス**(돈까스)だ。韓国語には「ツ」の音がないため、「ス」の音で代用するのである。だから、日本語で考えると、ちょっと変な意味になってしまう。

　そのトンカス、発音だけでなく、内容もちょっと違う。豚肉を叩いて平べったく延ばしてから、衣をつけて揚げるのだ。日本で「紙カツ」と呼ばれるスタイルだ。日帝時代(←18ページ)に最初に入ってきたトンカツがたぶん紙カツで、そのスタイルが定着したのだろう。トンカスの上には、タルタルソースにケチャップを混ぜたようなピンク色のソース(しかも甘い!)がかかっていることが多い。個人的には、このソースはいただけない(最近では、ちゃんとしたトンカツ・ソースがかかっている店も多い)。

　トンカスは洋食としての人気も高いが、ビアホール(韓国ではHOFと表記され、ホプと発音。ドイツの有名なビアホール、ホフブロイハウスに由来した呼称)で頼む、人気おつまみメニューなのだ。半端じゃない量、大皿に大盛りでやってくる。もちろん、ひとりで食べるわけではない。何人かでワイワイとつまむ。キャベツの千切りも添えてある。ところが、上手な千切りにあまりお目にかかったことがない。なんか無骨で、大きめにスライスされたキャベツサラダといった趣だ。千切りじゃなくて、百切り!?

　このようなトンカスを目の当たりにすると、もはやこれはトンカツではなく、トンカスという食べ物なのだと認識せざるを得ない。似て非なる国、それが韓国だ。

3 サムゲタンだけじゃない
鶏　肉

鶏のカルビは春川で

　韓国では、鶏にもカルビがある。**タッカルビ**(닭갈비)🔊だ。タッカルビは元来、ソウルから少し離れた江原道春川（カンウォンド　チュンチョン）の名物料理である。だから、ソウルにあるタッカルビ屋の多くが、「春川タッカルビ」という屋号を用いている（それぞれまったく別の店であり、チェーン店でもなんでもない）。

　大きな鉄板の上で、さばいた鶏肉を野菜などと一緒にコチュジャン（唐辛子味噌）で炒めるという一見簡単な料理なのだが、ソウルで食べるのと、春川で食べるのでは、美味しさが全然違う！　さすが名物料理だけのことはある。ぜひ、春川まで足を伸ばしてご賞味くだされ。

　ソウルではほとんどないが、春川では店によっては、鶏の玉ひも（キンカン（排卵前の卵）とヒモ（卵管）がつながっている）や砂肝も一緒に炒めてくれる。そうすると、美味しさが2倍3倍にもなって、超〜美味なのだ。そして、最後に鉄板の上で作ってくれる**ポックンパプ**(볶음밥)🔊（炒めご飯）が、また格別。

　タッカルビは、1990年代にソウルの若者の間で一世を風靡したが、21世紀に入ると他の鶏料理に取って代わられた。慶尚北道安東（キョンサンプクト　アンドン）地方の郷土料理であった**チムタク**(찜닭)🔊が大ブレイクしたのだ。チムタクは「蒸し鶏」という意味で、鶏肉と野菜とタンミョン（韓国春雨）を醤油ベースで甘辛く煮込んだ料理。韓国にしては珍しく醤油味、辛味はコショウ味が強い一品だった。

　ところが、これも一過性の流行で終わり、2004年ごろから**プルタク**(불닭)🔊が席巻する。直訳すれば「火の鶏」。激辛料理である。激辛のソースに鶏肉を漬け込んで、直火で焼く。口から火が出るとは、まさにこ

のことだ。
　現在はどれも落ち着いたようで、新しい鶏料理ブームは起きていない。

サムゲタンいろいろ

　韓国で古くから有名な鶏料理といえば**サムゲタン**(삼계탕)))))(参鶏湯)であろう。鶏の内臓を取り除いて、もち米、高麗人参、ニンニク、松の実、栗、ナツメなどを詰め、丸ごと煮込んだスープ料理である。調理時には味付けをしない。食べるときに、各自が塩やコショウで味を調える。生後1～6カ月の卵を産む前の若鶏を使用するので、ちょうど一羽一人前の量になる。

　日本で夏の土用の丑の日にウナギを食べるように、韓国ではポンナル(日本の土用に相当する日)にサムゲタンを食べる。滋養強壮効果抜群の食べ物である。夏の暑いときに熱いものを食べる。"熱を以て熱を制す"ということだ。韓国語では「以熱治熱(イヨルチヨル)」という。

　漢方薬の匂いがいかにも効きそうな**韓方(ハンバン)サムゲタン**))))。中国で不老不死の薬とされ、肉、皮、骨のどれもが真っ黒な烏骨鶏(ウコッケイ)で作った、栄養価の高い**オゴルゲタン**(오골계탕))))。さらには、なんと漆のスープで作る**オッタク**(옻닭))))など、グレードアップされたバージョンもある。とにかく身体によい食べ物の代表だ。私は、一般のサムゲタンより、オッタクや韓方サムゲタンのほうが断然好きである。だって、そっちのほうが美味いも～ん。とくに、漆には抗ガン作用があるという話だし。

　お薦めのオッタク屋は、地下

オッタクが美味い麻浦元祖蔘鶏湯

鉄5号線麻浦(マポ)駅近くのソウルガーデンホテルの路地裏にある**麻浦元祖蔘鶏湯**。入口に漢字で"蔘鶏湯"と看板が出ているので、日本人にもわかりやすい。蔘鶏湯の上に、ハングルで"オッタク"と大きく書いてある。ここはオッタクが売りで、本当に美味い。昔風情あふれる店内も趣があってよろしい。自家製の高麗人参酒もある。しかも、ひとり一杯ずつサービスだ。ぐいっとあおって、効く〜。

丸ごと一羽を煮込む

鶏一羽という名の鍋料理もある。**タッカンマリ**(닭한마리)といい、韓国風水炊きだ。丸ごと一羽をハサミで切りさばき、大きな洗面器のような鍋に入れて、ねぎやジャガイモ、トック(韓国餅)などと一緒にガンガン煮て、豪快に食べる。オプションで、砂肝や高麗人参なども入れられる。個人的には、砂肝は入れたほうがいい。スープに深みが増す。人によってはキムチも投入。その場合は、もちろんスープは真っ赤っかだ。

取り皿に、醤油、酢、辛子、タデギ(薬味唐辛子ペースト)などで自分で味付けしたタレを作り(辛いのが好きな人、酸っぱいのが好きな人など、それぞれに味付けができるところがいい)、つけて食べる。あらかた肉を食べ終わったら、韓国麺のカルグクス(→184ページ)を鍋に入れ、それを食す。これが美味いのなんのって。

タッカンマリはソウル生まれの料理である。東大門(トンデムン)周辺が発祥の地で、路地裏にタッカンマリ屋が密集している。私の行きつけは鍾路区鍾路5街の**明洞タッカンマリ**。私の写真付きの雑誌記事(韓国語)ででかでかと貼ってあるので、わかりやすいかも。若いときの写真なので、ちょいと恥ずかしいが……。

サムゲタンやタッカンマリのもとになった歴史ある鶏料理が**ペクスク**(백숙)(白熟)。田舎でよく出される。サムゲタンのように、高麗人参、

ニンニク、松の実、栗、ナツメなどと一緒に、一羽丸ごとじっくり煮込む。ただ、煮上がった鶏が大皿にのせられて出てくるところが違う。

　見た目は、やはり豪快としかいえない。鶏をほぐしながら、粗塩(あらじお)をちょっとつけて食べる。シンプル・イズ・ベストな美味さ。さらに、この料理の〆は、残った濃厚な鶏の茹で汁で作ったお粥である。これが美味くないわけがない。放し飼いにされた地鶏トジョンタクで作られるペクスク。田舎に行く機会があったら、ぜひ。

もちろん辛い鶏の鍋料理も

　若者の間で人気のある、鶏を辛く煮た**タクトリタン**(닭도리탕))))))という鍋料理もある。真っ赤な水炊きと思っていただければよい。

　この料理、実は名前が変なのだ。頭の「タク」は韓国語で「鶏」という意味。終わりの「タン」は漢字の「湯」で、スープ料理を示す。問題は真ん中の「トリ」だ。なんとこれ、日本語の「鳥」からきているのである。じゃあ、この料理「とりとりタン」じゃんと言えば、まさにそのとおり。誰が命名したのかわからないけど、なんだかなぁ〜。

　でも、日本でも同じことで、「チゲ鍋」ってよくいわれるけど、「チゲ」は韓国語で「鍋」っていう意味。だから、こっちは「鍋鍋」だ。どっちもどっちか。ちなみに、タクトリタンの正式名称は**タクポックムタン**(鶏炒め鍋)というそうだ。

　それから、鶏でびっくりする料理といえば**タッパル**(닭발)))))だ。水煮して軟らかくなった鶏の足(日本ではモミジと呼ばれる)をコチュジャンにからめ、鉄板の上で焼いて食べるのである。骨なしのほうが食べやすいが、骨付きじゃないと食べた気がしないという人もいる。姿がそのまんまなので抵抗があるかもしれないが、甘辛くて(激辛も多い)、適度なコリコリ感が酒のつまみにピッタリ。城北区(ソンブク)安岩洞(アナムドン)の高麗大学付近は、タッパル

屋が多いことで有名だ。

フライドチキン大好き

本当に韓国人はフライドチキンが好きだ。何人かのうちひとりは必ず、あそこが美味いとか蘊蓄（うんちく）を傾ける。

ココスニ、BBQ チキン、トゥルドゥルチキン、KyoChon チキンといったチェーン店がいたるところにある。チェーン店でも支店によって味が違う場合が多い。個人経営のチキン屋も多い。

基本的にチキン屋は、ビールを飲む場所でもある。出前で生ビールまで頼めるのが驚きだ。生ビールを2ℓのペットボトル（！）に入れて、持ってきてくれる。コーラやサイダーの空きボトルだったりするところがケンチャナヨ（気にしない）。

ケンタッキー・フライド・チキンもポピュラー。韓国では「KFC」と略称される。「ケンタ」じゃ通じませんよ、念のため。ただ、軟らかくてジューシーな KFC のチキンより、薄い衣でカリカリッと揚げたチキンのほうが一般的で、韓国人好みらしい。どちらかというと KFC は、食べるところというよりも、弘大（ホンデ）（芸術学部が有名な弘益（ホンイク）大学を中心とする麻浦（マポ）区の学生街）や大学路（テハンノ）（地下鉄4号線恵化（ヘファ）駅周辺。かつてソウル大学文理学部があったので、この名前がついた。演劇の街）の待ち合わせ場所として利用されている。「KFC の前で何時」といった具合にだ。

オーソドックスなスタイル以外にも、**ヤンニョムチキン**🌶🌶🌶🌶（甘辛ソース揚げ）、**マヌルチキン**🌶🌶🌶🌶（ニンニク揚げ）など、いくつかのバリエーションがある。ヤンニョムは基本的にちょい甘め。

個人的には、地下鉄2号線弘大入口（ホンデイプク）駅近くにある Reggae Chicken（レゲエチキン）という店がお気に入り。衣に若干カレー風味のスパイスが混ざっていてエスニカル。その香ばしさが人気の秘訣か。韓国にはあまりない独

特な味なのだが、お店はいつも若いお客さんでいっぱいである。

最近では炭火焼きチキンの店も出てきた。**スップルタク**(ハングル)。韓国人が好きな辛い味付けはもちろん、塩焼きや照り焼きとメニューはさまざまだ。

チョンギグイチキン(ハングル)（電気焼きチキン）なるものも存在する。電気ロースターでじりじりと時間をかけて丸焼きにされたチキン。棒に刺さったチキンが何羽も、電熱器に照り焦がされながら、店先でゆっくりとぐるぐる回っている光景は、一度見たら忘れられない。トラックの後ろにその機械を積んで、行商している姿もよく見かける。

じっくり焼かれているから、皮はパリパリで中身はジューシー。サムゲタンよろしく、もち米が入っているのもある。これがまたけっこう美味いので、ついつい買ってしまうのだった。

鴨の焼肉にスープ

鴨もよく食べる。韓国語でオリという。ちなみに鴨とアヒルは同じ種で、アヒルは鴨から人為的に作られた家禽である。韓国語では区別せず、どちらもオリと呼んでいる。

スープ料理**オリタン**(오리탕)(ハングル)は伝統的な食べ方。大量のエゴマ粉によってとろりとしたクリーミーなスープは、まるでココナッツミルク入りのタイカレーの如し。光州(クァンジュ)には**オリタン通り**があり、連日大賑わいだとか。

でも、やはり人気はオリロースの焼肉だ。脂がのってて、美味しいよ〜。燻製焼き**オリフンジェグイ**(ハングル)もある。燻製も美味いよな〜。そして**オリペクスク**(오리백숙)(ハングル)（鴨の水煮）。もう栄養満点。オリは身体によいといわれ、お年寄りが「オリは薬だから」と言っては、ガンガンに召し上がっておられます。

4 ホルモン大国

ホルモンヌ・ホルモニスト

　日本の焼肉屋でのメインメニューのひとつ。それは、タン塩、ミノ、ホルモンといった内臓系の肉だ。

　ホルモンは、もともと捨てていた部分だった。そのため、関西弁で「捨てるもの」という意味の「ほうるもん」から「ホルモン」になったとか。食べると元気が出る、精がつくといったイメージから、医学用語である内分泌液のホルモンから転じたとか（ホルモンという単語はかつて、性ホルモンのイメージから、精力の代名詞として用いられた）。諸説いろいろである。関西弁の説は、昭和の大阪芸人による作り話という話だが……。

　最近は日本でホルモンブームが巻き起こり、専門店も多い。ホルモンを頬張る女性を"ホルモンヌ"と呼ぶのだとか。なんか日陰のイメージだった一昔前とは大違いの、今日このごろだ。"ホルモニスト"の私としては、うれしいかぎりである。

４つの胃袋

　韓国でも内臓それぞれに名前がついている。よく知られているように牛は反芻（はんすう）する動物なので、胃袋を４つ持っている。最初の胃袋ミノは**ヤン**（양）。２番目のハチノスは**ポルチプ**（벌집）。３番目のセンマイは**チョニョプ**（처녑）。そして最後のアカセンマイは**マッチャン**（막창）。アカセンマイは、関東地方ではギアラといわれ、最近では英語のabomasumからアボミともいわれている。

　ミノは、切り開いた形が雨具の蓑笠に似ていることから、こう呼ばれるようになったという。豚の胃袋のことをガツというが、もともとはミノを

指す言葉だったという。韓国語の「笠」を意味する「カッ」がなまったものらしい。

　韓国語のヤンは、䑋という漢字の読みである。この漢字、日本語では「ソウ」という音読みで、意味は牡羊。中国語でも意味は同じだが、日本でも中国でもほとんど使われない。なぜ、牡羊が牛の第一胃袋のことになったのかは、よくわからない。ヤンは「ヤンギンモリ」とも呼ばれ、「キンモリ」は、「牛の胃の肉」という意味である。

　ちなみに羊のことも韓国語で「ヤン」という。友人から「**ヤンコプチャン**(ミノとホルモン)を食べに行こう」とはじめて言われたとき、「えっ、羊の臓物！」なんて思わず唸ってしまった。

　ポルチプは「蜂の家」という意味で、まさに日本のハチノスと同じ発想。まぁ、見るからに蜂の巣ですからねぇ。

　そしてチョニョプ。これは「千の葉っぱ」という意味で、センマイは、この韓国語の直訳だった。薄い葉っぱのようなものが鈴なりになっていることから、つけられた名前だという。ただし、ハングルで書くときは、千の葉っぱを意味する「チョン・ヨプ(천엽)」ではなく、「チョ・ニョプ(처녑)」と表記するのが正しい。

　マッチャンは「最後の腸」という意味。ホンチャンともいい、「紅い腸」という意味で、アカセンマイに通じるものがある。ちなみに、豚ホルモンにもマッチャンなる部分があり、腸の最後の部分、すなわち直腸を指す(2つを区別するために、**テジマッチャン**ともいわれる)。

腸、心臓……

　次は腸。まず大腸は**テチャン**(대창)である。日本でもテッチャンとほぼ同じ呼称。シマチョウとも称される。関東では、大腸を単にホルモンと呼ぶことも多い。

小腸は**コプチャン**(곱창)。日本ではマルチョウやパイプが一般的で、ホソ、ヒモ、ヒモチョウとも呼ばれる。小腸も、関東では単にホルモンと称することが多い。豚のコプチャンは、日本の焼きとん屋の人気メニューのシロである。

　余談だが、若い女の子が髪の毛を束ねるときに使うグッズの一種で、まわりが布でできていて、ちょっとお洒落なバネのようになってるヘアバンドも、コプチャンと呼ばれていた。もちろん形が腸みたいだからなのだが、ファンシーショップの店頭に「小腸ひとつ5000ウォン」とか貼ってあると、思わずギョッとしてしまうのであった。

　心臓は**ヨムトン**(염통)。日本でいうところのハツだ。ハツは英語の「Heart」からきた言葉。レバーは**カン**(간)、肝臓の「カン」である。BSE騒動以降日本では食べられないズイこと脊髄は**トゥンコル**。脾臓のチレは**チラ**。チレは韓国の方言だ。豚の子宮コブクロは**セッキポ**。「セッキ」とは動物の子どもの意味で、「ポ」は袋。日本の呼び方とよく似ている。マメこと腎臓は**コンパッ**。日本でフワ、フク、プップギ、バサ、ヤオギモトなどと呼ばれている肺は**ホッパ**だ。

4つの胃の食べ方

　ヤンは韓国でも高級品だ。サクサクッとした食感がたまらない一品。ホルモン焼き専門店でどうぞ。

　ポルチプは、日本では湯引いてからお刺身のように酢味噌で食べることが多いが、こちらでは**ネジャンタン**(내장탕)(内臓肉スープ)によく入っている。

　チョニョプは、日本と同じように湯引いて、ごま油＋塩で食べる。ホルモン焼き屋のサービスで出てくるときが多い。しかも、レバ刺しも一緒に。レバ刺し＆センマイ刺しはホルモン焼き屋のつきだしの定番だ(韓

国でも、つきだしという。もちろん日本語からきている。パンチャンと同意語だが、パンチャンはおかずというイメージが強く、つきだしは箸休め、酒肴といったニュアンスで使われる)。お店によっては、チレやズイの刺身も出てくる。そして、こうしたつきだしはおかわり自由なのだ。本当、たまりません。食いしん坊万歳！

　韓国ではマッチャンをメニューに見ることは意外に多い。専門店もある。適度な脂と噛みごたえのある食感が、なんとも美味。病みつきになるかも。日本では最近まであまり馴染みのなかった部分である。一昔前の食材の本には「牛の第４胃袋は食に適さない」などと書かれていた。こんなに美味いのに〜。

　豚の直腸テジマッチャンも人気の一品。茹でた後で焼くので、口に優しい歯ごたえで、臭いもなく、安くて美味しい。とくに、慶尚北道の大邱は有名で、マッチャン焼き屋が集まったマッチャン通りがあるほど。

コプチャンは鉄板焼きか鍋

　コプチャンは大きく分けて、２通りの食べ方がある。ひとつは鉄板や炭火焼で食べる**コプチャングイ**(곱창구이)𝄞𝄞𝄞𝄞。もうひとつは日本語に訳せばモツ鍋となる**コプチャンチョンゴル**𝄞𝄞𝄞𝄞(곱창전골、私のバンド名(←7ページ)。韓国でも変な名前のバンドの１、２位を争うらしい)。

　どちらも、日本とのもっとも大きな違いは、腸を切り開いていないことだ。日本でも「マルチョウ」といえば丸い形で出てくるが、こちらではさらに中身が入っている。それって、ウ○コでは？　あっ、それ以前だから大丈夫ってこと？　えっ？

　とくに、鉄板焼きで食べる場合はすごい。丸い鉄板の上に、腸がそのまま、ぐるっととぐろを巻くようにのっかっている。焼き具合を見計らいながら、店員さんがハサミでそれをチョッキンチョッキンと切ってくれるの

だ。もちろん、中身がこぼれないように注意して。いやはや、とんでもなくワイルドで、強烈なインパクトのある料理だ。

　鍋の場合は、真っ赤な激辛スープにコプチャンのブツ切りが入っていて、とろけ出す中身が独特なだしになるのだとか。そこに人参、ねぎ、春菊、キャベツ、ニラ、エノキダケ、玉ねぎ、豆腐などがごっそり入っていて、もちろんニンニクも効いている。真っ赤なごった煮モツ鍋とでもいおうか。日本のシンプルなモツ鍋とは似ても似つかぬ料理である。

　このコプチャンチョンゴル、昔はよくメニューにあったが、最近はあまり見かけない。数年前、あるテレビの料理番組でコプチャンチョンゴルを取り上げたとき、その番組プロデューサーから、私に連絡があった。

「コプチャンチョンゴルにコプチャンチョンゴルを食べてもらって、コプチャンチョンゴルの話を聞きたいのだけれど」

　もちろん即答でOK。局が準備したコプチャン屋で撮影だ。鍋に舌鼓を打ちながら撮影は順調に進んだが、店内をよく見ると、メニューにコプチャンチョンゴルがない。そこで店の女将に訊いてみた。

「前はやっていたんだけれど、注文する人がいなくなってしまってね。また、焼き用の高品質のコプチャンで鍋を作ったら、儲からないし。今日はテレビ撮影だから特別なのよ～」

　実はホルモンの需要が高まり、けっこう質のよい肉が出回るようになって、どの店もホルモン焼き専門になってしまったらしい。さらに、チョンゴルはオヤジ臭いイメージがつきまとうのか、若者がオーダーしなくなったのだという。

　コプチャンチョンゴル、それは追憶の味。我がバンド"コプチャンチョンゴル"も、古きよき韓国ロックをレパートリーにしているゆえ、追憶の味が売りである。だから、美味しいコプチャンチョンゴル屋がないか、常にアンテナを張っている私なのだ。

▲中央市場(ソウル)のチョッパル売り場

▲ポジャンマチャ（P32）　　▲トッポッキ（P16）

▲オデン（P18）　　▲チーズトッポッキ（P17）　　▲オクスス（P28）

▲アバイスンデ（P20）　　▲スンデ（市場にて）（P20）

▲スンデポックム（P21）　　▲ティギム（P22）　　▲忠武キムパプ（P25）

▲トースト（P29）　　▲シアッホットク（P30）

▲ケランパン（P31）　▲ノクトゥジョン（P33）　▲モドゥムジョン（P33）

▲トゥンシム（P38）　　　　　　　　　　　▲チャドルバギ（P37）

▲コットゥンシム（P39）　▲チュムルロク（P39）　▲プルコギ（P39）

▲サムギョプサル（P42）　　▲ユッケサシミ（P67）　　▲モクサル（P43）

▲サムギョプサル＆ハンジョンサル（P42、43）　　▲テジカルビ（P42）

▲チョッパル（P44）　　▲オリフンジェグィ（P51）

▲スップルタク（炭火焼きチキン）（P51）　　▲オリロース（P51）

▲韓方サムゲタン(P47)

▲タッカルビ(P46)

▲サムゲタン(P47)

▲タッパル(P49)

▲ウジョクスユクチョンゴル(P70)

▲カムジャタン(P70)

▲ソルロンタン(P68)

▲カルビタン(P37)

▲ユッケジャン(P74)

▲ホッパチョンゴル(P65)　▲コプチャングイ(盛り合わせ、P55)　▲ソンジヘジャンクク(P72)

▲コプチャングイ(P55)　▲ミノ(P52)

▲ミノ・ハツ・コプチャン(P52, 54)　▲トガニタン(P69)　▲ポッサム(P43)

▲コプチャンチョンゴル(P55)　▲ピョダギヘジャンクク(P73)　▲テジマッチャン(P53)

▲トガニスユク (P69)

▲ペクスク (P48)

▲スユクとスンデの盛り合わせ (P20, P69)

▲レバ刺し＆ズイ (P67)

▲ユッケ (P67)

▲ネンチェチョッパル (P44)

▲ポシンタン（鍋）(P74)

▲ポシンタン (P74)

▲犬肉のスユク (P75)

▲テジコプテギ売り場

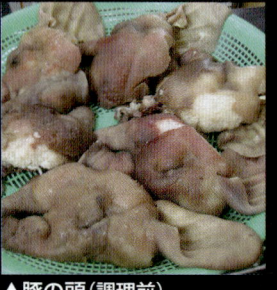

▲豚の頭（調理前）

▲電気焼きチキン（P51）

▲電気焼きチキン売り

▲犬肉（市場にて）

▲広蔵市場（ソウル）の屋台

▲ユッケを作るアジュンマ

日本で人気のシロやナンコツは?

シロを鉄板の上で野菜と一緒に甘辛く料理したのが**テジコプチャン**(돼지곱창)▶▶▶▶。東大門のさらに奥にある黄鶴洞(ファンハクトン)のホルモン横丁(清渓川(チョンゲチョン)にかかる永渡橋(ヨンドギョ)周辺。地下鉄2号線新堂(シンダン)駅2番出口徒歩8分)には、ずらーっとテジコプチャン屋が並ぶ。黄鶴洞は通称「ごみ市場」があったところ。昔は中古レコード漁りでずいぶん通ったなぁ。

清渓川が整備されてから、なんだか小ぎれいになってしまったけど、ホルモン横丁のあたりは、まだ少し昔の雰囲気が残っている。ここでならディープな一杯が約束できるだろう。

日本のホルモン焼き屋にはいろんな部分のナンコツがあるが、韓国では豚の肋軟骨(肋骨と胸骨の関節部分)をよく食べる。それを**オドルピョ**(오돌뼈)▶▶▶▶という。噛むと歯ごたえがあって「コリコリ」することを、韓国語で「オドルオドル」と表現する。「ピョ」は骨を意味する。飲み屋やポジャンマチャ(←32ページ)、豚ホルモン店などで、甘辛の鉄板焼きにしてくれるところが多い。やはりけっこうな量が出てくるので、完食したら顎が痛いかも。

このほか、肺は**ホッパジョン**▶▶▶▶(肺のチヂミ)で食べることが多い。**ホッパチョンゴル**(肺鍋)というメニューを掲げている店もあった。ホッパは、なんか独特な食感なのよ。フワフワして、噛み切れない。でも、そこが魅力なんだよなぁ〜。

コラーゲンの塊・豚の皮

ここで日本ではお目にかかれない焼肉メニューを紹介しよう。それは**テジコプテギ**(돼지껍데기)、すなわち豚の皮。豚肉の焼肉屋にあるメニューで、専門店も存在する。これがまたワイルドかつインパクト大なのだ。

初めに、雑巾(ぞうきん)とでも形容したらいいのか、店によってその形態は四角

だったり細長かったりと異なるが、とにかく薄っぺらな、見るからに皮そのものといった物体が運ばれてくる。タレで下ごしらえしてある店もあれば、焼きながらオリジナルのタレを塗りつける店もある。そして、ハサミでチョッキン！

　メス豚の胸部の皮を乾燥させ、水に浸し、さらにまた乾燥させ……と何日も手間ひまをかけ、やっと食べられるようになるのだとか。生のまま焼いたのでは、硬くてとても食べられない。最近では圧力釜で一気にボイルするらしい。たまに、ポチッとバストポイントがくっついている。

　ニッキ味、甘辛醤油ソース、真っ赤な激辛ダレなどなど、店によって味付けは千差万別。きな粉をまぶす店もあり。モチモチとしたゼラチン質特有の歯ごたえと、そのソースの組み合わせで、お好みの店を見つけてほしい。ほかのメニューに比べてはるかに安いため、コプテギだけでは頼めない店もあるので、ご注意を。コラーゲンの塊みたいなものですから、美容に最適。女性陣にはホントお薦め。その昔は、焼肉屋でサービスとして出されていたそうだ。

　「じゃぁ、牛の皮はメニューにないの？」って訊ねた友人がいたが、牛の皮はねぇ、コートやブーツやカバンでしょ。東大門や南大門に行ってくださいな。チャップリンじゃないんだから、まったくもう。

タン塩は食べない

　さて、お気づきかと思うが、日本の焼肉屋でカルビに次ぐ人気メニュー、いやそれどころか専門店まで存在する、タン塩。そう、牛タンの話はいつ出てくるんだ？　この問いに対する答えは次のとおり。

　韓国では、焼肉でタンは食べません。韓国人旅行者が日本の焼肉屋で目を白黒させるメニューが、タン塩である。韓国人の多くが、牛の舌なんて気持ち悪くて食べられないと言うだろう。女性はなおさらだ。日本では

ローカロリー食として女性にも人気だというのに……。K-POPスターたちも、タン塩だけには手をつけなかったという話もある。

たまに観光客の多い店で、日本人向けにメニューに載せているところもあるが、現地の人が食べない食材なのだから推して知るべし。牛タンは日本で御賞味くだされ。なお、韓国語では**ウソル**という。

ユッケとレバ刺しは韓国で

2011年夏、日本で**ユッケ**(육회)とレバ刺しが食べられなくなった。そんな日が来るなんて、想像もできなかった。子どものときはレバニラ炒めとか焼き鳥のレバーが苦手だったけど、焼肉屋でレバ刺しを食べてから、一気に食べられるようになった経験をもつ私にとって、レバ刺しが食べられないなんて言語道断。

ならば、韓国に来るしかあるまい！ ソウルの広蔵(クァンジャン)市場にある、ユッケ専門店が連なる路地裏。基本メニューは、ユッケ、レバ刺し、センマイ刺し。お客は絶えず、毎日新鮮な肉を提供する。

ここは、路地裏などといって侮れない、美味しくて安全なグルメ・スポットなのだ。冷凍肉は一切なし。毎日、馬場(マジャン)畜産市場から仕入れ、その日のうちに売りつくす。だから、いつも新鮮だ。病原菌が繁殖する暇なんてないのだよ。繁殖する前には食べ終わっているから。

そして、出てくる量がとにかく半端じゃない。日本の焼肉屋は、ユッケの真ん中にうずらの卵の黄身がのっていた。だが、ここでは普通の卵の黄身がのっている。つまり、サイズが違うわけである。日本のしみったれた一人前の約4倍、皿の大きさは25cm。それで値段は日本と同じ（ひょっとしたら安い）なのだから、もう、食べなきゃ損。日本ではリンゴの切り身が使われていたが、こちらでは梨だ。混ぜて、混ぜて、食べるべし。

ユッケサシミ(육회사시미)というスタイルもある。生肉が、お刺身

のようにスライスされて出てくる。皿いっぱいに、まるで大きな肉の花が咲いたように、きれいに盛ってある。そこに鮮やかな色のレバ刺しとセンマイ刺しが彩りを添えて、あ～、もうたまりません。いただきま～す。

ホルモニストたちよ、ユッケとレバ刺しのためだけにでも韓国に来てもいいのでは？

だしが決め手の白濁したソルロンタン

韓国でもカタクチイワシや昆布などがだしに使われるが、最高峰は肉のだし、それも牛と決まっている。韓国でもっとも売れているインスタント調味料は**タシダ**。これは本当に魔法の粉の如くで、ひと振りさっとかけると、あら不思議、どんな料理もすべて韓国料理の味になる。そのだしは牛肉粉末だ。

そんな牛肉だしが決め手の牛スープ料理の数々を紹介しよう。だしに使用される部位はカルビタンのように普通の肉の場合もあるが、メインは内臓系と骨系になる。

まずは**ソルロンタン**(설렁탕)(ソルロンタン)。日本で牛ゲンコツと呼ばれる牛の脚**サゴル**をはじめとして、肋骨などの骨全般、頭の肉(ツラミ、カシラ、コメカミ)、脚の肉(アキレス、スネ)、**ヤンジモリ**(胸元の肉と骨の総称)、**サテ**(膝の後ろの肉)、舌、脾臓、肺などを長時間じっくりと煮込んだスープである。煮込むときに使う材料の配分や按配は店によって違う。

スープは白濁した半透明で、味は淡白だ。調理時に調味料を一切加えないのが特徴で、食べる人が塩・コショウで味付けし、刻みねぎを入れて食べる。その色合いから、日本の豚骨スープを想像する方も多いだろう。だが、肉の旨味が凝縮された栄養満点のスープは、濃厚なはずなのに、拍子抜けするほどのあっさり味。しとやかで上品ささえ感じられる。

長時間煮込むのが美味さの決め手とあって、ある有名店では、「1年

365日、毎日24時間、休まず煮込んでいるので、1カ月のガス代がこんなにかかってます」と、わざわざ毎月のガス料金の領収書が壁に貼ってあった。また、子どもが久しぶりに実家に戻ってくることになった母親が夜を徹してソルロンタンを作った翌日、ガスの使用量が多すぎることに疑問をもった役人が家まで訪ねてきたという話もある。

　ソルロンタン屋のメニューには、たいてい**トガニタン**(도가니탕)🎵🎵もある。「トガニ」は膝頭の意味で、膝頭をメインに煮込んだスープだ。ソルロンタンよりも値が張る。やはり半透明の白濁スープで、あっさりとしたなかにも舌にからみつくようなとろみ感がある。ソルロンタンより若干クセがあるが、私はいつもこちらを注文する。ナツメや高麗人参も入っていて、美容と健康的にもワンランク上。やはりコラーゲンの塊で、プニュプニュした食感がたまりませ〜ん。

　ただし、ソルロンタンは精力増進の滋養強壮食としても有名で、オヤジ臭いイメージが拭いきれないのも確かだ。最近は若者向けの小ぎれいな店も登場していて、味が妙にクリーミーで、スープはまばゆいばかりの乳白色。実は牛乳や生クリームを入れているという。若者向けかなんだか知らんが、そりゃもう違う料理だろう、とオヤジな私は声を大にしながら、スープをすすり、カクトゥギ(大根キムチ)を頰張るのであった。

だしをとり終わったら酒のつまみに

　ソルロンタン屋では、だしをとり終わった肉類を、酒のつまみの茹で肉**スユク**(수육)🎵🎵として出してくれる。ある店は、**モリコギ**(頭の肉)、もも肉、脾臓、牛タン、牛スジの盛り合わせ。ある店は、膝頭、ヤンジモリ、スジ、ハチノスの盛り合わせ。その店のスープの材料が何なのかがわかるって寸法だ。スユクは酒のつまみにバッチリである。

　鍾路3街にある**鍾路ソルロンタン**は、スユクを鍋にしたトンデモ・メ

ニューの**スユクチョンゴル**(🔊)で有名だ。山盛りの茹で内臓肉が鍋になった、超てんこ盛りの一品である。

　私はいつも**ウジョクスユクチョンゴル**(🔊)を注文する。牛の脚のスユクチョンゴル、すなわちアキレスが山盛りだ〜。ソルロンタンは苦手という日本人女性を連れて行ったことが一度ある。彼女は「あら、これは美味しいわ。いくらでも食べられそう」と満腹三昧。一度煮込んだものをさらに煮るため、匂いがほとんどせず、美味しさだけが十二分に味わえるのだ。

褐色のコムタン

　ソルロンタンによく似た料理に**コムタン**(곰탕)(🔊)がある。日本でコムタンというと牛テール・スープだが、それは韓国では**コリコムタン**(🔊)という。「コリ」は尻尾という意味だ。「コム」は膏飲(コウム)という言葉が縮まったもので、「長い時間かけて煮出す」という意味である。

　したがって、コムタンもソルロンタンも作り方はほぼ同じ。最大の違いは、コムタンは牛骨を使わないこと。そのためスープが白濁しない。透明な褐色だ。また、肺や脾臓はもちろん、ハチノスやセンマイといった胃、コプチャンなどの腸をよく使うので、味が濃厚で脂っぽい。内臓独特のクセもある。それがまたホルモン好きにはたまらないわけだが……。

　とはいっても、店によって作り方は千差万別で、そう厳密に分けられるものではない。クセのないさっぱり味のコムタン屋もある。ただし、あらかじめ醤油などで味付けされていることが多い。

深夜に唯一開いていたカムジャタン屋

　次は、豚を使った鍋料理。豚の背骨を豪快に甘辛く煮込んだ料理**カムジャタン**(감자탕)(🔊)である。「カムジャ」はジャガイモ。カムジャタンは豚の背骨とジャガイモを煮込んだ鍋なのだが、なぜジャガイモが名前の

メインに？　しかも、ほとんどジャガイモが入っていない店も多いのに（まったく入っていない店もある）。

　名前の由来は、よくわかっていない。豚の背骨をカムジャピョというからだとか、豚の脊髄をカムジャと呼ぶとか（なんか細かいなぁ）。個人的には、当初はその名のとおりジャガイモがメインの料理で、そのスープのだしが豚の背骨であり、後になって背骨も具として提供するようになったという説を推したい。もっとも理にかなっているような気がする。

　ところでソウルは1998年まで、飲食店は夜12時を過ぎたら営業してはいけなかった。それで、食堂の多くが10時ごろには閉店した。しかし、安い飛行機チケットは夜の到着便が多い。ホテルにチェックインしていざ出陣というときには、街はもう真っ暗だった。

　そうしたなかで、カムジャタン屋だけが営業を許されていたのだ。すべての食堂が閉まるとタクシー運転手が食事をとることができなくなるので、カムジャタン屋だけは許可されていたという。だから、その当時ソウルに着くたびに最初に食べる料理がカムジャタンであった。行く店も同じだったので、完全な常連客。すでにその店がなくなって久しいが、いまでもカムジャタンを食べると、「さぁ旅の始まりだ！」と高まった胸の鼓動が懐かしい。

二日酔いに効くスープ

　大酒飲みが多い韓国では、二日酔いに効くという料理は重要かつ人気がある。その代表は、なんといっても**ヘジャンクク**(해장국)だ。ヘジャンは元は漢字で「解酲」と書き、それが訛った。「酲」という漢字は「二日酔い」を指し、「解酲」は二日酔いを覚ますという意味だ。すなわちヘジャンククとはその名のとおり、酔い覚ましスープのことである。二日酔いの特効薬といったところか。

ヘジャンククも地方によっていろいろ種類がある。ここではソウルでもっとも一般的なものを紹介しよう。正式名称は**ソンジヘジャンクク**(선지해장국)))))(鮮血ヘジャンクク)。なんと牛の血の煮こごりが入っているのである。えぇ〜、そんなもの食べたら余計気持ち悪くなっちゃうんじゃないのって思う人も多いだろう。ところが、血の塊はサクサクッとした食感で、生臭さもなく、なんの抵抗もなく食べられる。鉄分が豊富なため、貧血の治療や予防に効果抜群。しかも、低カロリーなので、美容食としても人気沸騰中。

　ヘジャンククのスープは普通、**ウゴジ**(白菜の外側や大根の葉などの屑葉)や**シレギ**(ウゴジを湯がいて乾燥させたもの)でだしをとった、さっぱりめのテンジャン(韓国味噌)味である。熱々のスープをフーフー言いながらすする。これで汗をかき、リフレッシュ、疲労回復。二日酔いをぶっ飛ばせという寸法だ。

　ソンジはたくさん食べると便秘になりやすいが、繊維質の多い野菜類を一緒に食べることでバランスがとれる。しかも、ソンジの鉄分は野菜のビタミンCと一緒に食べると、吸収率が格段にアップする。お互いを補完しあう、なんとも合理的な組み合わせである。

　ただし、ヘジャンククは格安料理としても知られていて、安かろう不味かろうな店に当たったら、目も当てられない。ある有名なヘジャンクク屋では、スープに牛の生血を隠し味(？)に入れていて、もう生臭いったらありゃしない。店長は「そのほうが解毒効果が高まるのじゃ」と胸を張っていたけれど。不味いんじゃ、酔い覚ましになんか食えないよー。

　そこでお薦めの店を。著者の行きつけは、ソウルの麻浦区にある**モイセヘジャンクク**。ここは絶品だ。ここのヘジャンククは他店とは違って牛肉だしで、その濃厚な味付けが最大の魅力。生卵を落として食べるという方法は韓国ではあまり見かけないが(スンドゥブぐらいか)、生卵好きにとっ

てはありがたい。豆もやしもたっぷり入っていて、栄養バランスもばっちり。24時間営業というのも素晴らしい。

　ソンジの入っていない**コンナムルヘジャンクク**(콩나물해장국)()()()()(豆もやしヘジャンクク)や、ハチノスなどの内臓肉の入った**ネジャンタン**()()()()(内臓湯)などのメニューもある。ちなみに本店は済州島(チェジュド)だ。

　一時期、ソウル支店長の弟さんが千葉駅近辺に日本支店をオープンしたが、そのヘジャンククにはソンジが入っていなかった。日本ではソンジが手に入らないからなのかと思ったら、「日本人のお客さんはソンジを食べないので、最初から入れなかった」とおっしゃる。う〜ん、たしかにソンジ抜きでも十二分に美味しいけど、やはりヘジャンククにはソンジがなくっちゃー。なんか物足りないよーと思った私であった。

　日本では「夜明けのコーヒーをふたりで飲みましょう」と言ったら、「ふたりで一緒に朝を迎えませんか？」なんて意味になるけど(ピンキーとキラーズ「恋の季節」ってか！　かなり古い？)、こちらで「明朝ふたりでヘジャンククを食べようよ」と誘えば、そんな意味になるとかならないとか。ムードより実益的な口説き文句ですな。

　なお、ときどき**ピョダギヘジャンクク**(뼈다귀해장국)()()()()というメニューも見かける。とくにカムジャタン屋にあるのだが、これにはソンジは入っていない。まったく違う料理である。一人前用の小さなカムジャタンといった趣で、豚の背骨入りの辛いスープだ。ピョダギは「骨のかけら」という意味である。ほかにも、干しスケトウダラによる**ファンテヘジャンクク**(황태해장국)()()()()など、いろんな種類の二日酔いの特効薬がある。

　蛇足だが、韓国にも迎え酒という概念があって、その名は**ヘジャンスル**。スルは酒だから、そのままやん。

5 例の肉の話
犬　肉

即、身体が温まる

　肉の食の最後は、やはり例の肉の話をせざる得ない！　そう、犬である。犬もサムゲタン同様、滋養強壮の食べ物で、ポンナル(←47ページ)に食べる習慣がある。犬肉に本当にそういう効果があるのかどうか、栄養学的にはわかっていないようだが、東洋医学的には"陽"の食べ物で(東洋医学では自然界すべてのものを"陰"と"陽"の2つに分ける)、身体が温まるという。実際、食べたら即、身体が温まる。それも手の先、足の先まで。冷え性に悩む女性には必須なのでは。それゆえに、犬料理は補身湯(보신탕)🔊と呼ばれる。

　元来はケジャンクク(犬の味付けスープ)という名前であった。牛肉の辛いスープ料理ユッケジャン(육개장)🔊の語源はここからきている。ユッケジャンは、肉(ユク)のケジャンククという意味で、犬肉の代わりに牛肉で作られるようになったのだ。

　1988年のソウルオリンピックのときに、ポシンタン屋が街から姿を消す！という事件があった。外国からのお客様に、犬肉を食べる習慣があることが知られたら大変だという国策で、表通りからは見えない路地裏に追いやられてしまったのだ。名前もサチョルタン(四季の鍋)とかヨンヤンタン(栄養湯)に変えさせられて。

　でも、なくなったりはしなかった。ホッ、安心。現在でも、いたるところに「ポシンタン」の看板を見つけることができる。

　時代は下り、2002年のジャパン＝コリア・サッカー・ワールドカップ。このときも同じような話が持ち上がった。しかも、FIFA(国際サッカー連盟)のほうから、犬肉を食べる野蛮な国では試合はできないとかなんとか言っ

て、犬肉料理の追放を韓国政府に要請してきたのだ。

　だが、このとき、世論は違った。「我が国の食文化について、外からとやかく言われる筋合いはない」と。そのとおりである。

　犬肉料理は決してポピュラーなものではない。韓国でも食べない人は大勢いる。とくに、若い女子は食べない。そういう人たちにとっては、犬肉料理なんか別になくなってもかまわないはずなのに、そうは言わなかった。「ポシンタンも我が国の文化なのだ」と韓国人は誇り高く胸を張ったのだ。よかった、日本の鯨料理のようにならなくて。本当によかった。

　ポシンタン屋は、実はものすごくたくさんある。裏通りにあるため気づきにくいが、地下鉄の駅を降りたら、その界隈に必ず一軒はあるのではと思ってしまうほどだ。

　日本のラーメン屋にしてもそうだが、あまりに数が多いため、不味い店に当たる確率も高い。ポシンタン食べてみたけど、どうも臭いが気になって……という方は、きっとイマイチなお店で召し上がったのだろう。

　美味しい店で食べれば、そりゃもう頬っぺたが落ちるほど。軟らかく、クセもなく、ゼラチン質の部分はプニュプニュしていて、アイゴー、よだれが出てきたわ。なんてったって、スープが美味いもんなぁ。一口すすったら、あーもう幸せ、という感じである。

　もっとガツンと食べたい方には、茹で肉の盛り合わせ・犬肉のスユクがお薦め。肉、てんこ盛りですから！

お薦めの2軒

　私の行きつけのひとつは、麻浦区延南洞にある**テバクポシンタン**。新村市場の近くで**珍島ポシンタン**という名前で長らく営業していた店で、最近、延南洞のリトル・チャイナタウンのど真ん中に引っ越した。以前の店舗にはいろんな外国人を連れて行っては犬肉を食べさせてきたが、ある

日、韓国人の友人が食べて一言。

「兄貴、俺、韓国人だけど、いままでこんなに美味いポシンタン食べたことないです。今度ポシンタン食べたくなったら、わざわざここまで来ます」

そのくらい美味い。

もう一軒は、汝矣島(ヨイド)(漢江の中州。経済の中心地)の南に位置する永登浦(ヨンドゥンポ)区の文来(ムルレ)芸術工場(Mullae Art Center)のすぐ近くにあるチンコゲポシンタン。ここではじめて食べたときの衝撃は忘れられない。一度も食べたことのない味のポシンタン・スープ。透明で、まろやかで、すっきりしていて、それでいて濃い。どうやったらこんな味になるんや。

そのときは気づかなかったのだけど、スープにほんの少量コリアンダーの葉っぱが入っている。コリアンダーが入っている韓国料理は、たぶんこれしかないのでは。韓国人のほとんどがもっとも嫌うハーブだから。だけど、まさに隠し味。誰も気づかず、「美味い」を連発して食べている。この絶妙な按配が決め手と見た。

コリアンダーが味の決め手のチンコゲポシンタン

飼い犬も食べた!?

　地方に行けば、注文してから犬を潰してくれる店もある。知人の韓国人は田舎の高級犬肉屋(！)で、犬肉の刺身を食べたことがあると言っていた。うぉ〜、ポシンタン万歳！

　昔は、飼っていた犬も食べたという。友人が子どものころ、隣のおじさんが飼っている犬に高麗人参とか食べさせていたそうだ。それを見て、「本当に犬を可愛がってるなぁ〜」って思っていたら、ある日いきなり鍋になって、お裾分けが自分の家に運ばれてきたとか。自宅で飼っていた犬をお母さんが知人宅に売ったら、その夜に逃げ出して戻って来たので、翌日、知人が探しに来る前に、また違う家に素知らぬ顔して売っぱらったとか。

　韓国人には、そんな思い出話がいっぱいだ。日本でも在日韓国・朝鮮人社会ではよく食べていたという。

　実は韓国で犬肉は、"食べてもいい肉"としての流通は認められていない。動物愛護団体の猛反対にあって、食肉のなかに盛り込むことができなかったのだ。そういえば、テレビではものすごい数の料理番組が放映されているが、ポシンタンが登場することはない。かなりナーバスな問題である。しかし、現実に犬肉料理屋はたくさんあるし、食べる人も多い。

　なお、北朝鮮では犬肉料理のことを「**タンコギ**(甘い肉)」と呼ぶ。ケジャンククという名称も、中国の延辺朝鮮族自治州や在日社会に残っている。

　犬以外に食用にされる特殊な肉といえば、黒ヤギ(**フギョムソ**)、イノシシ(**メッテジ**)、ウサギ(**トッキ**)など。ここだけの話だが、私はアナグマ(**オソリ**)を食べたことがある。焼肉だったが、独特な甘い香りがあって滅茶苦茶美味かった。だが、天然のこうした動物を捕獲して食べることは禁止されているので、この話は隠密に。蛇も食用目的(漢方薬の原料になる)で獲ってはいけないということだ。

▲リーズナブルで大人気のカルビサル

▲日本人の口にもよく合うサムギョプサル

第3食
魚介類！ 海産物天国

　旅行者にはあまり知られていないかもしれないが、実は韓国は海産物の宝庫である。そりゃぁ、そうだ。半島なのだから、3方向は海に囲まれている。日本に負けず劣らずの海産物天国なのだ。

　日本の朝食といえば、ご飯、味噌汁、焼き魚が定番だろう。こちらでも朝は、ご飯、テンジャンチゲ（韓国味噌汁）、数々のパンチャン（小皿料理）、それに焼き魚が並ぶことが多い。朝から焼肉っていうのは、さすがに、それはちょっとという感じである。

　面白いのは、お隣さんなのに、食する魚の種類がけっこう違うということ。最近マグロは市民権を得たが、家庭料理にマグロの刺身はまず出てこない。カツオも食べないねぇ～。そしてアジの開き。日本じゃ定番中の定番だが、こちらでは見かけたことすらない。干物どころかアジそのものが市場にない。身欠きニシンも塩鮭もないぞ。

　もちろん、韓国独特の干物もある。そのひとつ、カワハギの干物チュィポ（쥐포）は、韓国風のみりん干しだ。平べったく、小さな団扇のよう。軽くあぶって食べれば、口の中に広がるジューシーで濃厚な旨味。酒の肴にもってこいだし、屋台でも売っていて間食としてよく食べられる。するめと並ぶ人気の乾き物だ。

　カワハギは、その昔は子どもでも簡単に釣れる魚だった。それゆえ市場で余ってしまい、漁師たちにとっては悩みの種。そこで1960年代末に、残ったカワハギを有効利用できないかと日本のみりん干しなどを参考にして研究開発されたのが、チュィポだ。安くて美味しいおやつ＆おつまみとして人気を得たが、現在では水温の変化や乱獲により、韓国産はけっこう貴重になった。最近はタイ産、ベトナム産、中国産が多いという。

　さて、これらは、これから述べるお話のほんの一部。肉だけじゃありませんよ。韓国料理魚介類編の華麗なる世界を、十二分にご賞味ください。

1 お刺身 in 韓国

基本は活きじめ

　日本人として気になる魚料理といったら、やはりお刺身ではなかろうか。お刺身は、韓国でたいへん人気のある料理のひとつだ。日式(イルシク)と呼ばれる少々高級なイメージの日本料理専門店や一般の刺身専門店で食べられる。

　海辺には、これでもかといった様相でお刺身食堂がずらり並んでいる。もちろん、市街地にも数多くある。店先にはいくつもの生簀が並び、新鮮な魚たちが泳いでいる。水産市場が引っ越してきたかと思うほど。

　そうそう、水産市場に行ってもいい。ソウルの鷺梁津(永登浦区)とか釜山のチャガルチとかが有名だ。そこで活きのいい魚を買ったら、市場の食堂ですぐに食べられる。最高のサービス！　韓国の刺身は、基本的に生きた魚をその場でさばく"活きじめ"なのである。

　刺身のメニューはたいてい決まっていて、**クァンオ**(광어)(ヒラメ)、**ウロク**(우럭)(クロソイ)、**トミ**(도미)(マダイ)、**ノンオ**(농어)(スズキ)あたりが人気メニュー。**カムソンドム**(クロダイ)や**トルドム**(イシダイ)などがある店も。どれも、ピンとしまった身の、歯ごたえ十分な白身魚だ。ただし、マグロなどの赤身魚はない。

　季節ならではの旬の魚が入荷することもある。たとえば、冬の**スンオ**(ボラ)や春の**パダソンオ**(サクラマス)などだ。先日は、行きつけの刺身屋で「今日はいい**コドゥンオ**(サバ)が入ったよ」って、山盛りのサバの刺身！美味～い。

やっぱり大量

　一匹が基本なので、ひとりで食べに行くには量が多い。ヒラメとスズキを半分ずつとか、3種類盛り合わせなどのメニューもあるが、肉と同じで、出てくる量が半端じゃない。

　ヒラメをオーダーすれば、まるまる一匹さばかれて出てくる。まさに山盛り。えんがわなど、食べられるところはすべて大皿にのってくる。日本だったら、端っこの見てくれの悪いところはお客さんには出さないだろう。しかし、この国では量が勝負なのだ。ど〜んと、このボリュームでどうだ、と言わんばかり。いやはや本当にワイルドである。

　"目で食べる"とよくいわれる。日本ではきれいに盛り付けてあるのを見て美味しそうと感じるが、こちらでは目一杯山盛りにされていることが重要なのだ。小鉢にきれいに盛り付けられたお造りでは、美味いかどうか以前に、「なんだ、少ないじゃん」と思われてしまうのがおちだ。

　しかも、メインのお刺身が出てくる前に、つきだしが次から次へと運ばれてくることがほとんどだ。まるでコース料理の如し。この過剰なつきだし文化は、1990年代後半のIMF経済危機（IMF＝国際通貨基金による経済介入）のときのサービス競争から始まったらしい。

　つきだしには、焼き魚、海草、珍味類など海のものが多いが、キムチ、ナムル、サラダ、きのこ、かぼちゃ、豆、バターコーンなどのお皿もある。栄養学的にはバランスがいいのだが、そのすべてに箸をつけていたら到底食べきれない。食事の総量は並大抵ではない。

　光州で入ったなんの変哲もない刺身屋で、数多くのつきだしに混じって、サムゲタンが出てきたのには、マジで驚いた。同席した知人の韓国人も、目を丸くしていた。

真っ赤に染まった白身魚

　そんな前奏曲に続いてやってくる大皿に盛り付けられたメインディッシュのお刺身。オーソドックスな食べ方は、**チョコチュジャン**（唐辛子酢味噌）をたっぷりつけた後、韓国式焼肉のように、サンチュに巻く。活きじめの刺身ゆえ、弾力があって、コシのある歯ごたえだ。個人的には、真っ赤に染まった白身魚をサンチュに巻いて食べたら、コチュジャンの味しかしないのではと思うのだけど……。

　コチュジャンほど辛くない、生野菜につけて食べる味噌**サムジャン**が用意されていることもある。サムジャンは、**テンジャン**（韓国味噌）にごま油や蜂蜜（もしくは水飴）などを加えていて、サンチュとの相性バッチリの薬味味噌（ディップ）だ。刻みニンニク入りで出てくることが多い。だが、これとて同じこと。薬味の味が強すぎて、サムジャン味のコリコリになってしまう。

　でも、コチュジャンにしろサムジャンにしろ、サンチュに巻かれた刺身の塊を韓国人は豪快に頬張り、むしゃむしゃと美味しそうに食べる。初めは面食らうが、慣れてしまえばこれはこれでいけるのだ。ヒラメなどコリコリしすぎていて、こうやって食べるのがちょうどいいのかも。だから、夏でもヒラメは人気メニューで、一年中よく食べられるのだろう。

　そうはいっても、刺身はわさび醤油で食べたいと思うのが日本人の心情だ。はい、ご安心を。ちゃんとわさび醤油も用意されている。実は、私はわさび醤油派。やはり日本人なのかなぁ〜。できれば、醤油とわさびも日本から持参したいところ。韓国の醤油は日本の醤油より甘めだし。

　しかし、そんなチマチマしたことに気を遣うわけにはいかないのだ。ちっこい人間だと思われてしまう。一緒になって、豪快かつワイルドに食べなければ。ワイルドといえば、チョコチュジャンにわさびを溶かし込んで食べている人もいた。これぞ日韓折衷の味!?

辛子大根から作られる粉わさび

　わさびは日本原産の植物だ。韓国には粉わさびしかない。いままで何度もチャレンジした人がいたが、韓国の土壌に合わないらしく、うまく育たないようだ(ただし、鬱陵島(ウルルンド)にはあるらしい。また、最近、江原道(カンウォンド)の山中の"わさびセンター"では、日本のわさびの育成に成功したという)。

　それでも、寿司や刺身を食べるときにはわさびが必要だ。そこで粉わさびの登場になったというわけだ。ぞっとするようなエメラルドグリーンで、香りはないが、ツーンとくる辛さは強烈である。

　その色からものすごく人工的と思われそうだが、実際には辛子大根(ホースラディッシュ)という植物から作られており、そこまで目の敵にすることもないだろう。ツーンとする辛味成分も本わさびと同じだ。もっとも、あの色だけは着色料である。なお、最近では日本から本わさびが輸入されていて、高級店では出てくるところも多い。

　ちなみに、わさびは「ワサビ」という呼び方で定着している。**コチュネンイ**という呼び名もあるが、放送でしか使われない(日本もそうだが、放送用語は変に細かい規定がある)。漢字表記の「山葵」をそのまま韓国語読みにした**サンギュ**という言葉もあるけれど、辞書にしか載っていない。

　そういえば、日本で最初にブレイクした韓国の男性アイドルグループ"東方神起(トンバンシンギ)"のメンバーが出演していたドラマ『地面にヘディング』で、回転寿司屋で主人公が彼女にわさびの蘊蓄(うんちく)を傾けるシーンがあった。それによると、日本のわさびと鬱陵島産のコチュネンイは学名が違うという(というか、アイドルにそんな台詞を言わせたシナリオ・ライターの真意はいったい？　そのオタクぶりに一瞬引くヒロイン役の娘の演技がその後に続く)。

　ところで刺身のことを、韓国語ではフェ(회)という。漢字で「鱠」と書く。それを日本語で読めば「なます」となる。日本のなますは、薄く切った魚介類や野菜を酢で和えたものを指す。大昔は、酢だけではなくさまざ

まな調味料で和えたという。韓国でも元来は、チョコチュジャンなどで下味をつけたものをフェと呼んでいた。酢でしめるのが日本だったら、韓国ではコチュジャンというわけだ。日本にしろ韓国にしろ、生ものは傷みやすいので、そうやって食べてきたのだろう。だから、わさび醤油で食べるのではなく、韓国式で食べるのが、フェ本来の姿なのかもしれない。

　近代になって、日本から生魚を3枚に下ろして食べる"刺身"という食べ方が伝わり、現在ではフェが刺身そのものを指し示すようになったという。なお、「サシミ」という言葉も健在で、飲食店や水産市場の人たちは「サシミ」と言っている。

刺身の〆は鍋！

　お刺身ですでにお腹いっぱいかと思われるが、普通お刺身だけでは終わらないのが、この国の食卓事情である。晩餐の〆には鍋が出てくるのが当然だ。最初から値段込みの店と、別途料金を取る店がある。

　メウンタン(매운탕)**))))**。「辛い鍋」という意味で、韓国式あら鍋である。もちろん名前のとおり辛い。春菊、セリ、大根、豆もやし、きのこ、豆腐などが、一緒くたに、真っ赤にぐつぐつと煮えたぎっている。魚の旨味が凝縮され、ニンニクも効いていて、たまらない逸品。あれだけ腹いっぱい刺身を食べたというのに、まだ入ってしまう。ネヴァー・エンディング・イーティング！　**スジェビ**(수제비)(すいとん)を入れてくれる店もある。マジで満腹、ごちそうさま。

ホヤのいろんな食べ方

　ホヤやナマコなど、魚以外の海産物のメニューが用意されている店もある。つきだしで出てくる場合が多いが、そういった海産物の盛り合わせを別途頼めば、やはり大皿にこれでもかといったボリュームで出てくる。

ホヤ(韓国語で**モンゲ**(멍게))は、韓国ではたいへんよく食べられる(東日本大震災の津波の被害で日本のホヤの養殖場が大打撃を受けたことは、非常に残念だ)。足が早いから新鮮なうちに食べなくてはならないが、店先の水槽には生きたホヤがごろごろしているので、安心だ。皮をむいただけで、鮮やかなオレンジ色の身が眩いばかり。

　刺身はわさび醤油で食べる私だが、ホヤの刺身だけはチョコチュジャンで食べる。ホヤ独特の臭味がコチュジャンの辛味とお酢と交わることによって、ほどよい刺激となり、美味！　苦味が甘味に変わるマジック。

　先日、巨大スーパーの食料品売り場の漬物コーナーで見つけたホヤの**チョッカル**(塩唐辛子漬け)は、激！美味だった。本当に、韓国にしかない漬物だろう。また、釜山の隣の巨済島(ユジェド)には、**モンゲピビムパプ**(멍게비빔밥)というホヤのビビンパがあった。ホヤ丼というわけではないけど、刻まれたホヤが野菜なんかと混じり、清涼感のある摩訶不思議な味。

　エボヤ(小さいホヤ、韓国語で**ミドドク**(미더덕))もよく見る。韓国全域で養殖が行われている、一般的な海産物だ。こちらは生食ではなく、メウンタンなどの鍋や海鮮蒸料理によく入っている。熱々の鍋のエボヤを食べるときは要注意だ。うっかりかじると中から熱い汁が飛び出して、思わず口内火傷となりかねない。ちょっと冷ましてから食すべし。

　変わり種では**トルモンゲ**(カラスボヤ)。灰色の塊で、なんだかぱっとしない色彩だが、その厚い皮の内側にある軟らかい部分を食すのだ。ほのかな磯の香りとみずみずしさ、そしてジューシーな甘味が、なんともいえず上品な感じで美味い。ホヤが苦手な人にもお薦めできる一品だ。

見た目は不気味でも味は絶品

　ナマコの刺身もまた美味い。日本では酢の物にすることが多いが、こちらではその場でブツ切りにして生で食べる。チョコチュジャンでもよし、

わさび醤油でもよし。ヌルヌルッとした食感に、コリコリした歯ごたえ。生簀の中には、黒ナマコ、赤ナマコ。どれも、このうえなく新鮮である。
　ナマコは韓国語で**ヘサム**(해삼)という。漢字で書くと「海参」で、「海の高麗人参」という意味である。それだけ身体に効き、精力がつくということで、人気メニューなのだ。
　さすがにコノワタになる内臓部分だけを取り出して食べるということはないと思ったら、先日行きつけの店で別に盛り付けて出してくれた、ラッキー。日本の三大珍味として知られるコノワタは、韓国語で**ヘサムチャンジャジョッ**という。忠武キムパプ(←25ページ)で有名な統営で作られており、日本にたくさん輸出されているそうだ。
　刺身屋の生簀にいる、もっとも驚くべき姿の生物。ピンク色の棒状で、水槽に浮遊している。うねうねしていて、見るからに気色悪い。どう見ても、ち○こ、そのもの。触るのも、はばかられる。生き物なのか？食べ物なのか？
　韓国語で**ケブル**(개불)といい、そのまま「犬のち○こ」という意味だ。日本ではユムシと呼ばれている。ホヤもナマコも最初に食べた人はすごいと思うが、このユムシに関してはまさに尊敬に値する。
　ところがである。こんな見た目とは裏腹に、この刺身、とても美味いのだ。内臓を取り出して、皮を千切り状にして食す。こりこりとした歯ごたえ。噛めば噛むほど、ほんのりとした甘さが口中に広がる。これぞ珍味。わさび醤油がお薦めだが、チョコチュジャンでもOK。気味悪がらずに、ぜひ挑戦してほしい。日本じゃ釣りの餌にされているようだが、もったいない。昔は釜山地方でしか食べられなかったけれど、流通事情のよくなった今は、生きたユムシがソウルにも運ばれて来ている。
　ウニ(韓国語で**ソンゲ**성게)を置いている店もあり、殻付きで出てくる。新鮮なのはわかっている。スプーンですくって、ちょこっと食べる。

う〜ん、どうだろう。微妙である。日本のほうが美味いかなぁ、これは。韓国ではウニを食べる習慣はもともとなかったゆえ、致し方なし。この国では乾燥させて鶏の餌にしていたらしい。

セコシって何だ

お刺身屋にもいろんな種類がある。まずは**セコシ**(세꼬시)専門店。はてさて、セコシとは、いったい何なのか？

知人の新聞記者曰く「佐藤さん、セコシって日本語でしょう？」

私「えっ？」

セコシとは、小さな魚や稚魚を骨ごとブツ切りにしたもので、日本の「背越し」からきている。背越しは、フナや鮎などの小さな魚の頭や内臓を取り除き、骨ごと薄い輪切りにし、氷水にさらしてあらいにした料理で、酢味噌などで食べる。

背越しとセコシ。似ているようでいて違う。韓国では、カレイや小さなヒラメ、**アナゴ**(아나고)、**ノルレミ**(アイナメ)、**チョノ**(전어)(コノシロ)などをブツ切りにして、そのままチョコチュジャンやサムジャンにつけて、サンチュやエゴマの葉で巻いて食べる。あるいは、わさび醤油につけて食べる。アナゴ(湯引きしてある)のセコシは小骨が多くて食べるのに難儀するが、噛み砕いているうちにアナゴ本来の上品な白身の旨味を味わえる。

本格的な刺身屋は高級店が多い。もう少し庶民的といった風情で、セコシ専門店は存在するようだ。セコシと看板に書いてあっても、ちゃんとヒラメの刺身などがメニューにある店も多い(もちろん、本当にセコシ専門の店もある)。さらに、ややこしいことに、セコシもフェの一種であるとされている。たとえばコノシロのセコシは**チョノフェ**(전어회)という。

これが私のお薦め。旬である秋から冬にかけて、店の前の水槽で元気に泳いでいるコノシロの群れを、その場でブツ切りにしてくれる。本当に新

鮮で、そのまま食べられる。骨ごとブツ切りのため気になる人もいるかもしれないが、その噛み味こそ醍醐味。噛んでいるうちに、口の中に広がる濃厚な旨味は、まさに絶品だ。

　コノシロは出世魚のひとつで、稚魚はシンコ、そしてコハダ、ナカズミ、コノシロと成長段階によって名前が変わる。韓国語ではすべて**チョノ**である。

　日本では焼き魚としてはほとんど食べないが、韓国では秋の魚の最高峰といわれていて、**チョノグイ**(전어구이)(焼きコノシロ)は人気のメニューである。日本では、焼くと異臭がするというので敬遠される(死体を焼く臭いだとされている)。だが韓国では、コノシロを焼く匂いがしてくると「秋が来た！　食欲の秋だ」と思う人がいるほど愛されている。「コノシロを焼く匂いにつられ、出て行った嫁も家に戻ってくる」という諺(ことわざ)まであるくらいだ。ところ変わればなんとやらとは、まさにこのことであろう。

ひたすらかき混ぜる

　独特な刺身料理のひとつに**ムルフェ**(물회)がある。冷たい料理で、夏の風物詩のひとつとして知られている。直訳すると「水刺身」。刺身を氷水に浮かべた料理で、一瞬日本のあらいを思い出すが、まったく違う。

　器には甘辛くかつ酸味のある氷水が張られ、ほのかな赤みを帯びている。そこに、キャベツ、きゅうり、ねぎなどと一緒に、白身魚の刺身やセコシにされた稚魚、あるいはイカやサザエなどが浮かんでいる。それをかき混ぜつつ、スプーンですくって食べるのだ。ご飯をスープの中に入れ、全部を混ぜ合わせて一気に食べる人もいる。麺が出てくる店もある。

　いやはやなんともな一品だが、けっこう美味い。お茶漬けならぬ水漬け。サッパリとして冷たい清涼感！　たしかに夏の食べ物であろう。

　ムルフェは、慶尚北道(キョンサンブクド)屈指の漁港である浦項(ポハン)で生まれたらしい。二日酔

いのまま早朝漁に出た漁師たちが、二日酔い解消のため、船上で捕獲した魚を細かくさばき、食欲がすぐれなくてもなんとか食べられるようにと、水とコチュジャンを加えたのが始まりだという。夏バテで食欲不振のときのお薦めメニューというわけだ。

済州島(チェジュド)でもムルフェは有名で、**ハンチムルフェ**（ヤリイカのムルフェ）や**チャリムルフェ**（スズメダイのムルフェ）が人気である。

似たような料理に、**マッケ**（막회）がある。いろんな刺身（またはセコシ）を和えた海鮮サラダの如き一品で、漁師が船上で雑魚などをチョコチュジャンと混ぜ合わせて食べたものが最初だという。「マク(막)」とは「やたら」という接頭語なので、マッケとは「やたらめったら刺身」あるいは「手当たりしだい刺身」といったところか。もちろん無茶苦茶にかき混ぜて、サンチュに包んで食べる。ちなみに、釜山のムルフェはほとんどマッケに近い料理である。

とにかく刺身を一切れずつ味わって食べるのが日本料理なら、一気に混ぜ合わせて豪快に口に放り込むのが韓国スタイルということだ。

マグロの刺身は 21 世紀になってから

韓国では十数年前まで、赤身の魚を刺身で食べることがなかった。マグロ（韓国語で**チャムチ**(참치)）といえば、冷凍メカジキが凍ったままスライスされて出てきた。白いマグロである。ルイベ状態のメカジキを海苔で包んで、塩入りのごま油につけて食べるのだ。それはそれで、淡白なメカジキにごま油のコクがほどよく加わり、シャキッとした食感と冷たさが清涼感を促す一品で、美味いのだけど……。

その後テレビや口コミによって徐々に日本からホンマグロの味が浸透して、2000 年ごろから赤いマグロ中心の刺身専門店が次々とオープンした。大半の店が、コースか食べ放題というスタイルをとっている。大トロ、中

トロ、赤身、そして説明を聞かないとわからないような細かい部分（カマとか頬肉とか唇とか）まで出てくる。もちろんメカジキもあるし、同じ赤い魚ということでサーモンのルイベまで出てくる店も。食べ放題だと、カウンター越しに次から次へと出てきて、もうわんこそば状態。ただひたすら食う、食う、食う、食うのみだ。

　マグロの目のまわりにはDHA（ドコサヘキサエン酸）がたくさん含まれていて、頭によい、健康によいといわれている。その部分を焼酎割りにしたお猪口一杯がサービスで出てくることもある。

　ところで**獨島（トクト）チャムチ**なんていうチェーン店があって、さすがに苦笑。店名など気にもかけずに食事をしたのだが、その支店のマスターはたいへんな親日家で、サービスもたくさんしてもらい、お勘定して店を出てから、はたと店名に気づいた私。もし最初から知ってたら、入ったかどうか。「日本人お断り」なんて言われたらどうしようかって思ってしまうもの（獨島＝独島は竹島の韓国名）。

　マグロの缶詰であるツナ缶は、スーパーでよく売っている。トマトペーストをベースに味付けをして、グリーンピースや人参のサイコロ、スィートコーンなどが一緒に入っている**ヤチェチャムチ**(야채참치)（野菜マグロ）や、真っ赤で辛い**コチュチャムチ**(고추참치)（唐辛子マグロ）が人気商品。蓋を開ければ、すぐにつまみになるから、あ〜こりゃ便利。

　ここで、近年のマグロ・ブームにまつわる注意事項をひとつ。日本では1970年から食品衛生法で流通が禁止されている深海魚のバラムツ（韓国語**キルムチ**）が、韓国ではいまでも密かに流通しているらしい。バラムツは無茶苦茶美味しい魚だが、その油脂成分が人間の体内では消化できないため、食べすぎると下痢などを引き起こす。でも、マグロに比べて値段がはるかに安く、しかも美味いので、料亭でも**ハヤンチャムチ**（白マグロ）などと称されて、提供されていた。2007年に業者や刺身屋が摘発され、マス

コミに大きく取り上げられ、さすがに韓国政府も本腰をあげることになったという話は聞くのだが……。

刺身丼と寿司は日本と別の食べ物

"日式"やお刺身食堂には、韓国式刺身丼がある。**フェドッパプ**(회덥밥)(ﾌｨｯ)という。たしかに、ご飯の上にお刺身がのっているのだが、明らかにこれは刺身丼とは似て非なる食べ物だ。

中身のお刺身は、ヒラメやタイなどの白身、メカジキ、イカなど。そこにサンチュ、エゴマの葉、細く切ったきゅうりや人参、キャベツの千切り、豆もやしなどの生野菜が加わり、さらに海苔と白ごまが振ってある。それを、チョコチュジャンと一緒にスプーンで、かき混ぜて、かき混ぜて、かき混ぜて、真っ赤にして食べるのだ。甘辛海鮮サラダビビンパといった趣である。決して海鮮丼などではない。

もし、日本の海鮮丼を食べるように、端から盛り付けを壊さずに食べようものなら、すぐさま食堂のアジュンマが飛んで来て、グチョグチョにかき混ぜてくれるだろう。食べ方を知らないかわいそうな日本人に、美味しく食べる方法を教えてあげなきゃというわけだ。しかもこの料理、韓国人の多くは日本に普通にある食べ物だと思っているのだから、あ～南無三。

そして、韓国にも寿司がある。回転寿司もよく目にする。しかし、これだけはどうしても寿司とは認めたくない。韓国語で**チョバプ**(초밥)(酢ご飯)というのだが、これはチョバプという料理だと思って食べたい。ホテルのバイキングなどでは、大皿にピラミッドのように山積みにされている。それをトングでつまんで皿に盛るのだが、下のネタがくっついてきたり、隣のシャリがくっついてきたりで、話にならない。ネタは、ヒラメ、茹でエビ、イカといったところが定番か。

回転寿司に行けば、他の白身魚や、アオヤギ、ホタテ、アワビなどの貝

類、タコ、トビウオの卵(トビコ)の裏巻き(海苔を内側、ご飯を外側にして巻いた海苔巻き)などもある。ただし、光り物はない。韓国では酢でしめるということをあまりしないからだ。

　手巻き寿司は、そのままテマキと呼ばれている。具は、トビコ、カイワレ、細切りのきゅうりや人参、カニかまぼこなど。日本同様、家庭料理としても人気がある。

絶品の川魚ソガリ

　ソウルから漢江(ハンガン)を江原道(カンウォンド)へと上っていく川沿いのドライブ・コースには、川魚の**メウンタン**を出す店が数多く存在する。メニューに、**ソンオ**(マス)、**ウノ**(鮎)、**サンチョノ**(ヤマメ)などの刺身がある店も多い。

　川魚を刺身で食べさせる店に遭遇したときは本当に驚いた。チョコチュジャンにつけて、サンチュに巻いて食べるか、あるいは**ムッチム**(무침)(チョコチュジャン和え)にして豪快に口に運ぶか。しかし、川魚にはよくジストマが寄生しているので、注意が必要なことはいうまでもない。それゆえお薦めはしないが、私も何度か食べた。もちろん、美味しかった……。

　そんな川魚のなかで、機会があったら少々値が張っても、ぜひ食べてほしい逸品がある。日本には生息していない幻の淡水魚**ソガリ**(쏘가리)、和名コウライケツギョだ。なぜ幻かというと、漁獲量が少ないうえに、日本では外来種が生態系を乱すのを防ぐ外来生物法(特定外来生物による生態系等に係る被害の防止に関する法律)によって、飼育はもちろん、活魚での輸送や保管も禁止されているからである。そう、日本ではお目にかかれない魚なのだ(特例として、限られた水族館で見ることはできる)。

　古来、ソガリは、中国や朝鮮で文人たちが、詩に詠ったり、絵画や陶磁器の文様として描き、江戸時代には日本の漢学者らが剥製を輸入して鑑賞

していたほど、あこがれの魚だったのである。スズキ科の肉食魚。肉厚で引き締まった白身、シコシコした歯ごたえ、クセがなく豊かな香りの上品な味は、これぞ極上の美味。水のきれいな清流にしか棲めないので、ジストマの心配もない。

　ソガリの胆囊(たんのう)は、熊の胆囊に次ぐ滋養強壮剤として効果絶大。焼酎に入れてグッと一飲み。**ソガリメウンタン**(맵운탕)は、二日酔いにもっとも効き、胃腸が弱っていたり、食欲減退、めまいなどの症状にもってこいといわれている。ソガリの刺身は、あの金日成(キムイルソン)の大好物でもあった。まさに川魚の王者。ぜひ、ご賞味いただきたい。

ワカサギのおどり食い

　真冬に凍った川や湖上で、氷に穴を開けて釣る**ピンオ**(빙어)(ワカサギ)は、冬の人気レジャーのひとつ。釣ったワカサギはその場で食べる。基本は、おどり食いである。丼の中を泳いでいるのを一匹ずつ箸でつまんで、チョコチュジャンにつけて頭からかぶりつく。頭を指で弾いて気絶させてから食べる人もいる。どっちにしたって、うぁー残酷じゃ――。でも、美味い。

　ワカサギを野菜とチョコチュジャンで和えた**ピンオムッチム**(빙어무침)というメニューもある。ねぎやセリと一緒に真っ赤な山盛りの皿から顔をのぞかせるワカサギが、身体をピチピチ、口をパクパク、いやはやなんとも。そんなかわいそうなワカサギをサンチュに包んで、ハイ、いただきます。これもまた、チョコチュジャンが生臭さを消し、さらにほどよい甘辛味が刺激となって、美味い。人間って本当、残酷やなぁ〜。

2 スケトウダラ ア・ラ・カルト

生も干物も卵巣も

　日本でスケトウダラといったら、かまぼこの原料か辛子明太子の親といったイメージしか思い浮かばないだろう。しかし、韓国では頻繁に食べられる、もっとも大衆的な魚のひとつだ。さっぱりしていて、軟らかい白身魚である。最近、乱獲と海水の温度上昇によって漁獲量が激減したため、人工授精を行うなどの対策が講じられているほどだ。

　韓国では、スケトウダラを表す単語がことのほか多い。まず、海中で泳いでいるときは**ミョンテ**(명태)と呼ばれる。漢字で書くと「明太」となり、日本の明太子はここからきている。明太子(もしくは辛子明太子)は、韓国では**ミョンナンジョッ**(명란젓)(明卵漬)と呼ぶ。ミョンテの卵巣漬けという意味である。

　捕獲された生の魚は**センテ**(생태)(生太)である。冷凍品は**トンテ**(동태)(凍太)、干物は**プゴ**(북어)(北魚、北の海で獲れる魚という意味)、真冬に雪の中で風にさらしながら長期間凍らせては解凍といった過程を繰り返して干したものは**ファンテ**(황태)(黄太、黄色くなるから)と呼ぶ。半生状態の一夜干しは**コダリ**(코다리)、稚魚の干物は**ノガリ**(노가리)だ。

　そして、スケトウダラの内臓を唐辛子漬けにしたのが、日本の韓国食材店でよく目にする珍味**チャンジャ**で、韓国では**チャンナンジョッ**(창난젓)という。チャンジャという呼称は在日朝鮮・韓国人の間で使われる呼び名で、本来は動物の内臓一般を示す。韓国では通じない。さらに、エラだけを集めて唐辛子漬けにしたものまであり、(ミョンテ)**アガミジョッ**という。

　いかに韓国人がスケトウダラを食べているのかが想像できるだろう。

とくにファンテにいたっては、よくもこんな面倒な干物の作り方を考えたものだと感心してしまう。ファンテは海辺で作るのではない。水揚げされたスケトウダラから内臓を抜き取り、わざわざ山間部まで運ぶのだ。

東北部の江原道(カンウォンド)の山奥。雪山の谷間に突如として現れる、びっしりと魚が吊るされた摩訶不思議な風景。昼夜の寒暖の差が激しい気候が、ファンテを作るのにもっとも適しているのだ。気温がマイナス10℃以下になる日が2カ月以上も続くこの地で干されたスケトウダラは、夜は極寒の中でカチンカチンに凍り、昼は穏やかな日差しを受けて軟らかに溶ける。こうして、旨味がこれでもかと凝縮されていく。真っ白な山里に膨大な量のスケトウダラが一面に干されている様子は、観光客の人気スポットにもなっているという。

▲吊るされたファンテ(江原道麟蹄郡龍岱里(インジェ　ヨンデ)。通称ファンテ村)

代表的なのは鍋料理

まず、センテ。鮮度のよいスケトウダラは本当に美味で、日本でも漁師をはじめ漁場近くの人びとは好んで食べている。ただし、ホヤと同じようにとても足が早い。鮮度があっという間に落ちて食べられなくなる。だから、流通手段が発達するまでは、なかなか新鮮なものを食べることはできなかった。

センテの鍋**センテチゲ**(생태찌개)〉〉〉〉は絶品である。味付けはもちろん激辛。新鮮なセンテの大きな切り身、たらこ、菊子(スケトウダラの精巣)、内臓、春菊、セリ、ねぎ、豆もやし、きのこ、豆腐、それに目一杯のニンニクとコチュジャンがどばーっと入っていて、グツグツと煮込む。センテ

の軟らかな身は、口に入れるやいなやほろほろと崩れ、口中に広がる微かで上品な味わい。美味いのなんのって、とくに旬の冬。鍋は熱々、身体はホカホカだ。

　トンテチゲ(동태찌개)〔))))〕もほぼ同格である。冷凍モノだからといって侮ってはいけない。負けず劣らず美味いし、センテチゲより安いのも庶民の味方だ。トンテのほうが身が締まっていて好きだという人もいる。

　面白いのは、両方を扱ってる店はほとんどないということ。センテチゲ専門店、トンテチゲ専門店と、それぞれ分かれているのだ。

二日酔いと美容にプゴとファンテのスープ

　干物のプゴはどうだ。これはスープ料理**プゴクク**(북어국)〔))))〕が有名。引き裂いた干しダラが入った、あっさり味の白いスープで、辛くない韓国料理のひとつ。二日酔いに効くといわれていて、最近は美容にもいいと話題沸騰中である。

　プゴの裂き身をだし汁に加えただけの簡単なものから、ニンニクとごま油で軽く炒めてからスープにする、醤油やごま油で和えてから煮るなど、作り方もそれぞれ。だいたい、ねぎ、溶き卵、豆腐が入っている。

　干物は発酵食品である。発酵食品の一番すごいところは、もとの原材料より栄養価が格段に高くなることだ。もちろん、旨味成分も増える。プゴは、生のセンテに比べて2倍のたんぱく質と5倍のアミノ酸を含んでいる。ビタミンも豊富で、カルシウム、鉄分、脂肪など、まさに総合栄養剤の如し。それゆえ、二日酔いの特効薬であり、美肌若返り効果が謳われるのだ。

　ということは、より高たんぱくで低脂肪のファンテで作る**ファンテクク**(황태국)〔))))〕がいかに素晴らしいかは、説明不要だろう。美味さと栄養価に拍車のかかった、プゴククのグレード・アップ版。見た目どおりのあっ

さりとした口あたりのスープに、醸し出された旨味とコク。なめらかで上品な味に、ほのかに磯の香りが漂う。う〜む、絶品。

プゴククは家庭でもよく作られる。ただし、普通のプゴにはかなりの塩分が含まれていることが多いので、水に戻して、しっかり塩抜きをしたほうがいい。なお、お湯を注ぐだけでOKというインスタント・プゴククも売っている。

ここで少し寄り道を。韓国の結婚式で行われる伝統的な宴に、東床礼（トンサンネ）あるいはシルランタルギ（新郎吊るし）と呼ばれる儀式（？）がある。新郎の友人らが集まり、新郎をさかさまに吊るして足の裏を叩くというもので、新郎を冗談半分に痛めつけて家族に酒とご馳走をおごらせるという、とんでもない風習である。一種の遊びなのだが、新婦が助けに入ってもこの儀式は終わらない。叩かれた新郎が義母に助けを求め、義母がみんなにお酒やご馳走を振る舞って、ようやく一段落する。そうやって打ち解け合い、家族の絆を深めるわけだ。

幸運にも私の結婚式のときはやられずにすんだが、ある友人の披露宴で、彼の足の裏を叩く役をやらされた経験がある。実は、プゴで足の裏を叩くのだ。硬いからである。引き受けなければ場が白けてしまうし、かといって思いっきり叩くわけにもいかない。

手加減して叩いたのだが、プゴの表面は硬くごわごわしているため、軽く叩いたにもかかわらず、新郎の足の裏に引っかき傷ができ、出血してしまった。あのときは本当に参った。もし彼より後に結婚式を挙げていたら、絶対復讐されていただろう。

鍼灸医の先生の話によると、足の裏を叩くと生理学的に重要なツボを刺激するので、性的機能を活性化させる効果もあり、腹上死の予防のために行われたということだが、はてさて。

蒸す、煮付ける、焼く……

 スケトウダラは、煮てよし、焼いてよしの魚なので、鍋やスープだけではなく、いろいろな形で食べられる。

 たとえば、**センテチム**(생태찜)(🔊)や**トンテチム**(동태찜)(🔊)といったチム料理。チムは「蒸し煮」という意味だが、チムと名の付く料理は、蒸籠(せいろ)を使って本格的に蒸す料理はもちろん、水分がなくなるまで煮込む料理、炒めた後に蓋をして蒸す料理など千差万別である。センテチムやトンテチムは、炒めてから蒸す。豆もやしをふんだんに使って、甘辛く味付けされたスケトウダラが、豪快に盛られた皿で出てくる。どこから見ても真っ赤っか、見るからに辛そうな、まさに韓国料理といった一品。実際、みごとに辛い。

 プゴチム(북어찜)(🔊)や**ファンテチム**(황태찜)(🔊)は、一口サイズに切った干しダラに薬味のタレをつけて煮付けたもの。ほどよい噛みごたえと、噛んでいるうちに干した魚からにじみ出てくる旨味汁、それに薬味の甘辛さが絶妙な刺激となって、美味い。

 日本の煮付けに似た**チョリム**(조림)という料理方法もある。ブツ切りにしたスケトウダラを、キムチや大根などと一緒に薬味と少量のだし汁でさっと煮る。**トンテチョリム**(🔊)、**プゴチョリム**(🔊)など、辛味仕立ての煮付け料理といったところか。

 ファンテグイ(🔊)は、ファンテ焼きだ。ファンテをコチュジャンのタレにつけてから焼く。香ばしい香り、外側はカリカリ、中身は適度な歯ごたえ、その食感、そして奥深く濃厚な味。これもまた絶品。

 一夜干しのコダリは、焼いて(**コダリグイ**)も、蒸して(**コダリチム**)も、煮付けて(**コダリチョリム**)もOK。生乾きの身は、半生のジューシーさと、干物独特の美味さを兼ねそなえているわけである。コダリは焼くと身をくねらせるので、コダリグイを**ツイスト**などと称する飲み屋もある。

一口サイズに切ったコダリを、もち米をまぶして揚げて、蜂蜜ソースをかけた**コダリカンジョン**〔ﾊﾝｸﾞﾙ〕も食べたことがある。カンジョンは韓国の伝統的なお菓子で、もち粉をこねて油で揚げ、蜂蜜に浸して、ごま、きな粉などをまぶしたものだ。

　稚魚の干物ノガリは、そのまま焼いて酒の肴として重宝される。飲み屋やHOF（ビアホール）の定番メニューだ。日本のシシャモのような感覚か（最近はシシャモもこちらのメニューに登場している）。

　チャンナンジョッ〔ﾊﾝｸﾞﾙ〕や**アガミジョッ**〔ﾊﾝｸﾞﾙ〕は、パンチャンに出てくる。そのままパクッ。ご飯のおかずに、酒の肴にもってこいだ。

濃厚なミョンナンジョッ

　スケトウダラは、17世紀の李氏朝鮮時代のころ、咸鏡道（ハムギョンド）（現在は北朝鮮）の明川（ミョンチョン）に住んでいた太（テ）という名の漁師が獲ったことから、明太（ミョンテ）と名付けられたといわれている。19世紀にはすでに、スケトウダラの卵巣、つまりたらこを、唐辛子と一緒に塩漬けにして食べていたという。これがミョンナンジョッの元祖である。

　日本では20世紀になって、朝鮮半島に住んでいた日本人が、「明太」の「子」だから「明太子」と名付けて商品化したのが始まり。それが下関（山口県）に伝わり、いろいろ改良されて現在の博多名物の辛子明太子に推移していったというのが、大まかな経緯である。

　日本の明太子は、素材の味を活かし、繊細できめ細かな作業によって上品に漬け込まれた、華やかな味が身上だ。一方ミョンナンジョッは、大量の唐辛子とニンニクで思いっきり漬け込まれたワイルドなもの。ごま油と白ごまをかけて食べる。

　なんだ、この粘りつくような濃厚で熱い味は！　日本の明太子が雅楽なら、こちらはサムルノリ。日本のものがクラシックなら、こちらはロック

ン・ロール。日本のものがウィーン少年合唱団なら、こちらはアフリカのポリリズム（拍子の一致しない複数のリズムが同時に演奏される）だ。まぁ、それぐらい違う食べ物だと思ってくだされ。どちらがお好みかは、個人の嗜好の問題である。

　辛子明太子以外にも、たらこはよく食べられる。魚卵を韓国語でアルという。メニューによく**アルタン**（알탕）〉〉〉〉（魚卵スープ）がある。実際は、たらこのスープだ。もちろん真っ赤だが、他の鍋に比べてあっさり味で、ピリ辛たらこ鍋といった趣である。韓国人は、具のたらこを食べるとき、わさび醤油をつける。あっさり味なので、ちょっとだけ味を足すそうだ。

　ただし、魚卵ご飯という意味の**アルバプ**（알밥）〉〉〉〉は、たらこではなく、トビコがのっているビビンパである。トビコは韓国語で**ナルチアル**（날치알）という。**ナルチ**はトビウオのこと。トビコもよく見る食材だ（トビコ入りの卵焼きなど）。

2種類のテグタン

　マダラも高たんぱく、低脂肪の白身魚で、数種類のビタミンを含んでいる。昔は王様しか食べられなかったというほど、貴重な食材だった。韓国語で**テグ**といい、代表的な料理は鍋料理の**テグタン**（대구탕）〉〉〉〉である。

　テグタンも真っ赤なメウンタンである。そのため、**テグメウンタン**〉〉〉〉ともいわれる。辛くない白いスープの鍋もあって、区別するために**テグチリ**（대구지리）〉〉〉〉（もしくはテグマルグンタン）と呼ばれている。チリは日本のちり鍋からきた言葉だ。釜山では、テグタンは白いスープのほうが一般的である（スープにお好みでお酢を入れる食べ方も、釜山独特）。

　ソウルでは、地下鉄4・6号線の三角地駅（サムガクチ）の1番出口を出たところの**三角地テグタン通り**が有名だ。1980年代に、安くて量の多いテグタンを売り物にした**三角地ウォンテグタン**が開店。すぐ隣にある龍山基地（ヨンサン）の米軍人

▲ソウルの広蔵市場にあるテグメウンタン屋

の間で人気が出て、次々とテグタン店がオープンして、現在にいたるのだとか。

　ところで、日本の焼肉屋のメニューにもテグタンがあるのをご存知の方も多いと思う。食べたことのある人はわかるだろうが、それとこれとはまったく違う料理である。日本のテグタンは牛肉のスープ料理だ。

　実は、テグタンは2種類存在する。マダラのスープの**テグタン**は漢字で書くと**大口湯**となる。大口はマダラのこと。もうひとつのテグタンは**大邱湯**である。大邱は慶尚北道の道庁所在地で、リンゴと美人で有名だ。大邱湯は、大邱発祥の料理という意味である。

　日本の焼肉屋のメニューにあるテグタンは、この大邱湯のほうなのだ。大邱湯は、牛肉の塊を骨と一緒によく煮込み、豆もやし、ワラビ、ねぎなどを加えた、ユッケジャンに似たスープ料理である。

3 愛される大衆魚
サバ、サンマ、ハタハタ、イシモチ

サバの開きと干しサンマは庶民の味

　サバ(コドゥンオ(고등어))とサンマ(コンチ(꽁치))も、よく食べられる。煮てよし、焼いてよし。どちらも、ブツ切りの水煮の大きな缶詰が売られているほどだ。我が家では、キムチチゲを作るときは、サンマの缶詰を使って**コンチキムチチゲ**にすることが多い。

　サンマを焼くとき、日本では大根おろしを添えるが、残念ながらこちらでは付いてこない。また、炭火で網焼きしてくれる食堂もあるが、多くは鉄板やフライパンで焼く。そのため、日本のサンマより脂が多めの仕上がりである。

　慶尚北道(キョンサンブクト)の浦項(ポハン)の特産物に、**クァメギ**(과메기)という黒光りした干しサンマがある。海辺で潮風に吹かれながら、凍るか凍らないかといった絶妙な按配で干されたもので、サバでも作られる。一口サイズに切ったクァメギを、海苔や昆布、ワカメに包んで食べる。口の中にジワーッと広がる脂と、みりん干しにも似た歯にからまる濃厚な味が絶品である。ただし、長期保存には向かないため、旬の冬にしかない。

　サバの開きを焼いたものは**コカルビ**(고갈비)と呼ばれる。コドゥンオの「コ」をとって「カルビ」にくっつけたのだ。サバカルビという意味である。骨にしゃぶりつく姿が骨付きカルビを食べているようだからという。そのネーミングには、カルビにも匹敵する、安くて美味い庶民の味方という気持ちがこめられているのだろう。

　コカルビといえば、ソウル仁寺洞(インサドン)のバッティング・センターの裏にある、いまにも崩れそうなあばら家そのままの、看板すらない激安マッコルリ屋を思い出す。通称**コカルビチプ**と呼ばれているが、本当の店名は瓦斯燈(ワサドゥン)と

いう(店のどこにも書かれていないが……)。

　内装は本当に古くボロボロで、屋根が落ちてきそうなほど。壁は落書きだらけだ。席に着いても、注文は取りにこない。代わりに大きな洗面器になみなみと注がれたマッコルリが運ばれてきて、有無を言わさず焼き魚が出てくる。これ、ここでの基本メニュー。追加メニューは壁に貼ってある。

　だが、笑ってしまうのは、この魚をよく見たら**イミョンス**(ホッケ)なのだ。たぶん昔はサバの塩焼きだったのだろう。激安価格を守るため、より経済効率のよいホッケに代わったにちがいない。それでもコカルビチプ。文句を言う人は、いない。

　ピリッと酸味の効いたマッコルリが絶妙にマッチ！　学生と呑んべえたちの巣窟、秘密の穴ぐらだ。とても現在のソウルにいるとは思えない、タイムスリップしたかのようなひとときを味わえるディープな名所である。

　ところでサバといえば、伝説的な韓国ロック・バンド"サヌリム"(山彦)のリーダー、キム・チャンワン(俳優、テレビの司会者などで活躍中)のソロ・ナンバーに、「オモニワ コドゥンオ(お母さんとサバ)」という曲があって、1980年代に大ヒットした。

　♪冷蔵庫を開けたらサバが入ってた〜明日はお母さんの焼きサバだ〜。

　いかにサバが大衆に愛されているのか、よくわかるであろう。

　(スケトウダラだって負けてはいない。韓国のボブ・ディランこと、韓国フォークの重鎮ハン・デスの代表曲のひとつ「コムシン(ゴム靴)」という曲は、♪親父がスケトウダラ漁に出て〜明日帰って来る〜イイネイイネ気分イイネ〜…と歌いだされ、「ミョンテ」という言葉が曲中で何度も連呼される)

冬が美味しいハタハタ

　個人的に大好きな一品は、冬の日本海側で(江原道から慶尚北道にかけて)水揚げされるハタハタ(**トルムク**(도루묵))だ。この時期は卵がいっぱい

で、焼いて食べたら最高に美味い。しかも、港で食べたら安い。あるとき20匹ほど焼きハタハタを食いまくり、自分のお腹もこのハタハタみたいに裂けちゃうんじゃないかと思った。食い意地張りすぎ、反省〜。
　トルムクという名前の由来が面白い。韓国語に**マルチャントルムク**という慣用句がある。日本語でいえば「元の木阿弥」にあたる。努力が無駄に終わるという意味だ。なぜ、ここに魚のトルムクが出てくるのか。そのストーリーはこうである。
　昔ある王が戦火を逃れて東海岸に避難したとき、ハタハタを食べた。
「これは美味い魚じゃ。この魚の名前はなんというのじゃ」
「ムクでございます」
「ムク〜？　そんな名前はこの魚には似合わん。これからは**銀魚**（ウノ）と呼ぶように」
「ははぁ〜」
　戦も終わり、宮中に戻った王、あの銀魚がもう一度食べたくてしょうがない。それで東海岸から銀魚を取り寄せた。しかし、あのときのようには美味しくない。
「これは本当にあのときの魚と同じものか」
「さようでございます」
「う〜む、全然美味くないぞ。これでは銀魚とは呼べん。トロ（元どおり）ムクと呼び直せ！」
「ははぁ〜」
　この**トロムク**（元どおりのムク）という呼び名が、その後訛（なま）って、トルムクとなったのだという。
　たぶん王が避難したのは真冬で、再び食べたときは春になっていたのだろう。旬を過ぎた卵のないハタハタでは致し方なかったということだ。

贈り物にされるキグチの天日干し

韓国には**チョギ**(조기)と呼ばれる高級魚がいて、よくイシモチと訳されている。日本でイシモチといえば、どうということのない魚のひとつではなかろうか。なぜ、それが韓国では高級魚に。

実は、日本のイシモチは別名シログチという魚で、チョギとは違うのだ。韓国語でポグチという。チョギはスズキ目ニベ科のキグチという魚のことで、このキグチが、韓国では昔から美味だと愛されてきた。

また、ポグチ(シログチ)をはじめとして、フクチョギ(日本語でクログチ)、スチョギ(日本語でコイチ)という似た魚も多い。それらはカッチャチョギ(偽チョギ)などと呼ばれて、区別されている。やはり味が違うと！チョギにはかなわない、雲泥の差なのだ。

塩を振ったキグチを数カ月間天日干しにしたものを、**クルビ**(굴비)と呼ぶ。クルビは10匹ずつ吊るされ、20匹を1トゥルムという。いいものになると、実に40万ウォン(約3万6000円)を超える。マジで高級魚となるのだ。クルビはほとんど、旧正月(ソルラル)やお盆(チュソク)などの贈り物にされる。デパートの贈答品売り場で、何十匹も連なって吊るされているクルビの山は、はじめて見る外国人には驚きの光景であろう。

このほか、サワラ(**サムチ**(삼치))もよく食べる。タチウオ(**カルチ**(갈치))、マナガツオ(**ピョンオ**(병어))、サヨリ(**ハッコンチ**(학꽁치))などもよく食卓に上がる。いずれも身が軟らかくて、品のある奥深い味わいの白身魚。**カルチチョリム**(갈치조림)(タチウオの甘辛煮)やマナガツオの**セコシ**(←87ページ)など、本当に美味しい。ホッケ(**イミョンス**)やカレイ(**カジャミ**)もよく食べられる。

4 人気の軟体動物
タコとイカ

　韓国語でタコはなんというか？　**ムノ**(문어)、**ナクチ**(낙지)、**チュックミ**(주꾸미)。これ、みんなタコなのだ。ムノはミズダコ、ナクチはテナガダコ、チュックミはイイダコである。韓国人は、これらがすべて別の種類の生物であると認識している。日韓辞典には「タコ＝ムノ」と載っていることが多いためか、われわれが「ムノもナクチも同じタコ(＝ムノ)でしょう？」と言ってみても、韓国人には要領を得ない。
　「ムノはムノ、ナクチはナクチだよ、全然違うじゃん」
　と言い返されてしまう。ムノもナクチも同じであるなどと力説しようものなら、けんかになりかねないので止めること。

テナガダコのおどり食い
　これらのなかで、もっともよく目にするのはナクチである。ナクチすなわちテナガダコは、日本ではあまり食用にされてこなかった。しかし、韓流ブームとともに韓国料理が流行りだしたため、最近は流通するようになったという。韓国では全羅南道の木浦が特産地として有名である。
　ナクチには、たんぱく質、鉄分、そして肝機能回復に効果のあるタウリンが豊富に含まれている。だから、精力増進のスタミナ食として人気が高い。「死んだ牛がナクチを食べたら生き返った！」「秋のナクチ一杯は高麗人参一本と同じである！」などと昔からいわれる、滋養強壮食品なのだ。
　そんな元気の出る料理の代表格といえば、なんといっても**サンナクチ**(산낙지)であろう。「生きているテナガダコ」という意味だ。テナガダコのおどり食いである。生きているテナガダコをそのままブツ切りにした刺身で、切られた足がグニョグニョと動いている。それを、ごま油や

チョコチュジャンにつけて食べる。

　たしかに、活きがいいといえばそうなのだが……。十中八九、はじめて遭遇した人は悲鳴を上げるだろう。唇や口の内側、舌などに吸盤がはりつき、いやはやなんとも不気味な食感である。弾力のある歯ごたえだが、身は軟らかくて噛みやすい。一所懸命に噛んでいると、ほのかな甘味すらにじみ出てきて、美味いのだけど。

丸かじりの真剣勝負

　成長する前の足の細いテナガダコは**セバルナクチ**（세발낙지）と呼ばれて、とくに珍重される。木浦では、セバルナクチを生きたまま割り箸にぐるぐる巻きにして、チョコチュジャンをつけて丸かじりするという、超過激なおどり食いもある。まかり間違えば、喉に詰まって窒息死するかもしれない、命がけの食べ物だ。タコと人間の生死を賭けた真剣勝負、なんて言葉が大げさでもなんでもない。

　実際、ちょっと大きめのセバルナクチだと、頬張っている間、呼吸がかなり困難。タコの頭の部分を何十回も噛んで、完全に絶命させてから飲み込むようにと指導される。生きているうちに飲み込むと、タコの足が喉にひっついて窒息すると。

　私がウケを狙って、食べながら足の部分を口から出してヌルヌルさせていたのを、横で一切笑わずに心配そうな顔をして見守っていた女店員が忘れられない。しかし、噛み砕いたセバルナクチから口いっぱいにあふれ出るジューシーな旨味汁は、まさにナクチ料理の真骨頂であろう。

　サンナクチによる窒息事故は、日本のお正月のお餅ほどではないにしろ、ある。毎年、病院に担ぎ込まれる人が後を絶たないとか。

　実はこんな事件も。2010年にサンナクチで窒息死した女性がいた。一度は事故として処理されたが、その後の調査により、保険金殺人容疑が浮

上したのである。明け方、恋人とふたりでサンナクチをテイクアウトして、モーテルに持ち帰って食べていたところ、彼女が喉を詰まらせた。病院に運ばれたが、間に合わなかったという。「サンナクチを食べたい」って女の子が言うのかと思われるかもしれないが、私の知り合いにはたくさんそういう娘がいる。

　そう、これだけならただの事故である。ところが、彼女には多額の生命保険がかけてあって、その受取人が彼氏だったのだ。しかも、そのナクチはセバルナクチであったというし、その後の彼氏は消息不明だという。真相は藪の中だが、皆様ふたりっきりでのサンナクチには、くれぐれもご注意を。

激辛のナクチポックム

　韓国料理は辛い。ストレスがたまったときなど、滅茶苦茶辛いものが食べたくなるというのが韓国人気質らしい。そういうときは、気心の知れた仲間たちと激辛料理を食べに行くのが一番だ。では、もっとも辛い韓国料理とは何か？　それは**ナクチポックム**(낙지볶음)(ﾉﾉﾉﾉ)、テナガダコの炒め物である(ポックムは炒め物という意味)。ナクチを野菜と一緒に辛く、真っ赤に炒めた料理だ。真っ赤に辛く炒める料理はたくさんあるが、なぜかこのナクチポックムは、辛い料理の代表選手になっている。

　これを食べるときは、ムール貝の熱～いスープが一緒に出てくることが多い。辛い料理に、熱い汁。そこに焼酎のストレートときた日にゃ、もう、汗はダクダク、頭はクラクラ。なんか、食事しているのか、サウナに入ってストレス解消しているのか、わからない。

　ナクチは加熱してもそんなに硬くならないので、プリプリとした食感がたまらないのだが、あまりの辛さに、口の中が痛くて舌の感覚がマヒしてしまい、はっきりいってのんびり味わっている余裕などはない。拷問料理

である。少なくとも胃が引っくり返ってしまうのは間違いないだろう。

　最近は普通の辛さ（とはいっても十分辛いが）のお店がほとんどだ。しかし、2000年ごろには、「やはりナクチポックムは辛くなければ」と、昔のように辛い（いや、昔よりさらに辛い）お店が流行った。ソウル市庁裏の武橋洞（ムギョドン）はナクチポックムが有名な通りで、そこの店が軒並み激辛レストランに変わってしまったのだ。いまでは再開発にともなって散り散りになったが、それでも**武橋洞ナクチ**といえば、激辛の代名詞のようになっている。そもそもナクチポックムが辛くなったのは、1960年代に武橋洞にあったある食堂の女主人が甘辛炒めのナクチ料理を考案したのが始まりだったという。

　ある韓国人の友人は、知り合いがナクチポックム好きだったので、その手の店に無理矢理連れて行かれているうちに、最初は食べられなかったけれど、いつの間にか大好物になったそうだ。だが、別の友人は、あまりの辛さに頭にきて、「死ぬまで絶対食べない」と宣言していた。

　また、日本人の友人がソウルに観光に来て、ある店でナクチポックムを食べた。もちろんすさまじく辛かったが、残してはいけないと思い、無理して全部たいらげたという。すると、店員がもう一皿サービスだと言って持って来た！　ホテルに戻ってガイドブックをよく見たら、その店では全部食べると自動的におかわりが出てくるので、「必ず残すように」との注意書きが添えてあったという。

　現在でも、激辛を売り物にしているナクチポックム専門店は存在する。皆さん、気をつけましょう。韓国人ですら辛くて食べられないほどの料理なのです。挑戦するのはやぶさかではありませんが、くれぐれも無理はなさらぬよう。見栄張って全部食べて、翌日どうなっても当局は一切関知しませんので、あしからず（体験談？）。

　釜山でもナクチポックムは名物のひとつだが、炒め物ではなく鍋で出て

くる。ソウルのナクチポックムとは、まったく違う料理である。釜山のナクチポックムは、ナクチを、玉ねぎやキャベツなどの野菜、タンミョン（韓国春雨）、エビなどと一緒に煮込んで作る鍋料理。そして、辛さは控えめなのだ。

生きたまま放り込むナクチチョンゴル

　というわけで鍋料理である。テナガダコの鍋は、釜山以外では**ナクチチョンゴル**(낙지전골)**))))**という。ねぎやきのこなどの野菜たっぷりの真っ赤な辛いスープに、ナクチが入っている。本来そのナクチは、適当な大きさに切り分けて塩もみし、ごま油と唐辛子で下味をつける。それで味がさらに引き立つのだが、お店によってはとんでもない場面に遭遇するときがある。

　テーブルの上で、ぐつぐつと煮えたぎっている真っ赤な鍋。店のアジュンマがおもむろに蓋を開け、生きたままのテナガダコを一匹丸ごと放り込む！　タコにとってはまさに地獄鍋。こりゃかなわんと、グニャグニャ足を伸ばして必死に逃げ出そうとするタコ。上から思いっきり蓋を押さえるアジュンマ。嗚呼、断末魔。

　その後、再び蓋を開けて、アジュンマがハサミでタコを食べやすいように切り分けてくれる。残酷だが、出来上がった鍋を見たら、それはもうただ単に美味そうなわけで。人間というのは、本当に現金なものである。

　ナクチチョンゴルのバリエーションで、**プルナクチョンゴル**))))というメニューもよく見かける。「プル」はプルコギの「プル」で、「ナク」はナクチの省略形、すなわちプルコギ＋ナクチチョンゴルである。早い話が、牛肉入りのナクチチョンゴルだ。美味しいものをダブルで味わってもらおうという、お得メニューといえよう。

塩味ベースの透き通ったヨンポタン

ナクチの名産地である木浦には、**ナクチヨンポタン**(낙지연포탕)🌶🌶🌶🌶という名物鍋料理がある。テナガダコの澄まし汁の鍋で、ピリ辛であっさり味のシンプルな食べ物だ。漢字で**軟泡湯**と書く。軟泡は豆腐を意味している。もともとは、薄く切った豆腐を串に刺し、油で炒め、鶏と大根の澄まし汁に入れて煮た料理であった。その亜流でナクチを用いた木浦のナクチヨンポタンがしだいに全国的に有名になり、現在ではタコ料理のひとつとして定着したという。

ヨンポタンは、塩味ベースの琥珀色の透き通ったスープ料理。青唐辛子のピリッとした辛さが、ほどよいアクセントになっている。厨房で作ってから持って来てもらうのが従来のスタイルだったが、最近ではナクチチョンゴル同様、目の前で煮え立つ鍋に生きたままのナクチを放り込むという、アトラクション付きの店が多い。このとき茹ですぎないように、ナクチはすぐに食すべし。少しだけ火の通った半生状態が最高なわけで、生きたナクチを使うからこその逸品である。

やっぱり辛いイイダコの甘辛炒め

お次はイイダコ。チュックミを食べに行こう。最近、にわかに流行りだしている。チュックミ料理も辛い。基本は**チュックミポックム**🌶🌶🌶🌶、イイダコの甘辛炒めだ。その辛さは武橋洞ナクチに匹敵し、ストレートで強烈。涙と鼻水まみれになりながら食べる人、続出である。

なぜ、そこまでして食べるのか。この辛さがクセになるのだという。アイゴー、麻薬のような食べ物なのか……。

イイダコはテナガダコより小ぶりで、そのままでも一口サイズといった、可愛い、まるで赤ちゃんダコだ。野菜と一緒に炒めてから出す食堂もあるが、目の前の鉄板上で自分で焼くスタイルの専門店も多い。辛さを度

外視すれば、ナクチに比べて、よりプリプリとした食感が魅力的だ。また、ナクチと同様に肝機能回復に効果のあるタウリンが豊富で、含有量はナクチの2倍、ムノの4倍もあるという。

ソウルの地下鉄1号線祭基洞駅(チェギドン)を降りると、**龍頭洞(ヨンドゥドン)チュックミ横丁**がある。イイダコの銅像(!)が、路地の入口に燦然と輝きながら、敬礼のポーズでわれわれを迎えてくれる。そこに立ち並ぶのは、もちろんチュックミポックム専門店。元祖は**ナジョンスン ハルメ チュックミ**で、この店が始めたチュックミ料理が噂を呼び、徐々にチュックミ専門店が集結して形成された通りなのだという。横丁に一歩足を踏み入れれば、そこらじゅうに甘辛い匂いがたちこめ、歩いているだけでお腹が鳴ること請け合いだ。

▲2m近くもあるイイダコの銅像

あまりに辛いため、豆もやしのスープやケランチム(蒸し卵)などで舌を休ませるのが普通だが、真っ赤な唐辛子の辛さを中和させるためにこの地で開発された裏技は、なんとつけダレに真っ黄色なカレー・ソースが出てくること。この突拍子もない組み合わせ、意外や意外、激辛がマイルドな口あたりに早変わり。誰のアイデアなのか、あぁ驚いた。

チュックミと一緒に**サムギョプサル**(豚の三枚肉←42ページ)を焼いて食べるというパターンもよくある。イイダコのタウリンが、豚肉のコレステロールを下げる働きをして、栄養学的に優れた食い合わせなのだとか。

炭火焼きも美味

最近話題になっているのは、チュックミの炭火焼き**チュックミプルコギ**

(주꾸미불고기)))))だ。ソウルの地下鉄3・4号線忠武路(チュンムロ)駅からすぐにある、その名もチュックミプルコギという店が元祖である。

その昔、現主人の父親が、全羅南道(チョルラナムド)の順川(スンチョン)で韓定食レストランを経営していた。当時の韓定食店には妓生（キーセン、韓国の芸者）がいるのが普通だったが、この店は妓生がいなかったのにもかかわらず、味で大繁盛していたという。その韓定食コースで人気の一品がチュックミプルコギだった。現主人は1970年代にソウルに上京して、この店をオープンする。当時ソウルにチュックミプルコギを食べさせる食堂はなく、この店が最初であった。

焼き物のメニューは、チュックミ、**キジョゲ**(키조개)（ハングルで「カイバシラ」と添え書きしてある）、それにふたつの盛り合わせである**モドゥム**（全部という意味）だけだ。キジョゲはタイラギの貝柱で、ヒモの部分も一緒に出てくる。どこから見ても辛そうな薬味味噌で和えたチュックミとキジョゲ。運ばれてきたお皿は眩いばかりに真っ赤である。

これを目の前の炭火で焼きながら食すのだ。焼けて香ばしい匂いが食欲をいっそうかきたてる。チュックミのプリプリ感、軟らかい口あたりの貝柱、コリコリとしたヒモ。食べだしたら最後、箸が止まることはない。辛さも武橋洞ナクチほどではないのが、ちょうどいい（それでも十分辛いけど）。

ミズダコのしゃぶしゃぶ

さて、最後に残ったムノはどうなのか。ムノことミズダコは、世界最大のタコで、大きなものになると3mを超す。そんな大ダコがずらりと並んでいる水産市場は、まさに壮観である。しかし、韓国でムノ料理はほとんど見かけない。このタコたち、いったいどこへ行ってしまうのだろう？

生のまま刺身で出てくる**ムノフェ**()))))、軽く茹でてから刺身にしたム

ノスッケ(**))))、それに**チョバブ**(寿司)のネタぐらいか。干物にしたミズダコを利用して、花や鳥などを豪華絢爛に形作った、結婚式などに出す装飾食品**ムノオリム**もあるが……。

そんなミズダコで特筆すべきお店は、ソウルの地下鉄2号線**弘大入口**駅周辺にある**海賊キャプテン**という海鮮居酒屋。そこの一押し料理が**ムノシャブシャブ**(문어샤부샤부)**))))。ミズダコのしゃぶしゃぶである。

店のマスターはスキューバ・ダイビングが趣味。インストラクターの資格も有し、店内にはスキューバ用品がところ狭しと飾られている。ヘルメット型の照明や、足ビレ、シュノーケル、ウエットスーツなどなど。そんなマスターが、ダイビング中に捕獲した海の幸を浜辺で食べていたとき、思いついたのがこの料理だという。ある日、獲れたばかりのミズダコを沸騰したお湯にくぐらして食べたところたいへん美味しかったことから、メニューに加えようと。

スープはよく漬かった田舎キムチをもとにした、あっさり系の酢っぱピリ辛味。そこに、やはり生きたままのムノ1杯をドバッと放り込む。うわーっとあわてて脱走を試みるムノだが、努力むなしくご臨終と相成り。その頃合をみて、サクサクとハサミで切り分けられる。

このとき、墨袋にハサミを入れると、一気にスープは真っ黒だ。墨汁の濃厚さとキムチの辛味と酸味が絶妙に混ざり合わさった、複雑な味わいのスープになる。ナクチなどに比べてはるかに太い足だが、半生状態なので、軟らかくてほのかに甘く、食べごたえあり。

しゃぶしゃぶとはいっても、名前だけで、ただの鍋料理なのはご愛嬌。半生状態で食べるところが、しゃぶしゃぶといえなくもない。食べ終わった後に、インスタント・ラーメンを入れて〆にする。タコ墨ラーメン、へい、一丁。

イカは刺身や丸蒸しで

　ところで、もうひとつの軟体動物、イカはどうなのだろう？　イカも韓国では本当によく食べられている人気の食材だ。

　イカには**オジノオ**(오징어)と**ハンチ**(한치)がある。オジノオはスルメイカで、ハンチはヤリイカだ。ただし、タコのように別々の生物というわけではない。ハンチには**ファサロジノオ**(矢のオジノオ)という正式名(使われないが)もあって、どちらもイカ(＝オジノオ)の仲間であると認識しているようだ。俗称のハンチの意味は「一寸」で、ヤリイカの足が一寸しかないからそう呼ばれる。そんな短足扱いのかわいそうな呼び名にもかかわらず、ハンチは高級なイカであると韓国人は理解している(たしかにハンチのほうが美味い)。なお、北朝鮮ではオジノオのことを**ナクチ**(←106ページ)と呼ぶそうで、あぁややこしい。

　イカの刺身も人気である。**サンオジノオ**(산오징어)(生きているイカ)と銘打っている刺身屋も多い。生簀で元気よく泳ぎまくっているのを、その場でさばく。なにしろ透き通ってますもの、刺身が！　半透明の活きのいいイカ。美味しいに決まってます。たまりません！

　オジノオトンチム(오징어통찜)))))という料理がある店も多い。イカの丸蒸しだ。生きたまま丸蒸しにされて出てくる。肝がキモ。もちろん絶品！

　そのほか、イカそうめん、焼きイカ、**オジノオポックム**))))(イカの甘辛炒め)、てんぷら、煮物などなど。塩辛もある。鍋の具にもよく入っているし、チヂミの具にもなる。

するめ大好き韓国人

　そして、**オジノオの干物**(するめ)は、韓国人の国民食かと思われるほどよく食べられている。日本人もするめ好きだと思うが、韓国人は間違いな

くその上をいく。火にあぶらないで、コチュジャンかマヨネーズをつけて、そのままちぎって食べるところがすごい。何でもハサミを使って料理するくせに、するめを切るときは手でちぎるんだよ。そのほうが美味いんだと。いやはや、若いイケメン俳優が、するめをしゃぶっているシーンが韓国ドラマに出てくるのも、さもありなんだ。

　HOF（ビアホール）などのメニューにある**マルンアンジュ**(마른안주)は、乾いたつまみ、つまり乾き物のことで、普通はするめとピーナッツが出てくる。それがハンチだったりすると、私の友人などは急に顔がほころんで、すごく得をしたかのように、うれしそうにするのだった。

　朝鮮戦争時に、北朝鮮軍が孤立無援で立ち往生しているときにもまったく怯まなかったことを米軍が研究・分析した結果、兵士がするめを食べていたことを突き止めたそうだ。停戦協定締結後、するめは戦略物資として米軍によって輸出入が制限されたという、嘘のような本当の話もある。

　以前、HOFのメニューに**潜水艦オジンオ**と書いてあって、「なんだ、これは？」と思った。朝鮮戦争のときの話と関係があるのかと思い、もちろん注文してみた。すると、何のことはない、水に浸けてふやかした、軟らかくなったするめが出てきた。ふふふ、してやられたが、なんともグッドなネーミングだ。

　慶尚北道（キョンサンブクト）の浦項（ポハン）の名物に、**ピデギ**(괴데기)と呼ばれる一夜干しのするめがある。別名**パンコンジョオジンオ**（半乾燥するめ）だ。水分含有率が30％もあり、生乾き独特の、軟らかく、少し粘りつくような歯ごたえが特徴である。磯の香りも強く、普通のするめとは一味違う。日本の濡れ煎餅を思わせるこの半乾燥するめは最近、人気の品だという。とくに、お年寄りや子どもに。ということは、潜水艦オジンオはそのインスタント版だったというわけだ。

5 貝づくしの巻

　貝は大きくふたつに分かれる。**チョゲ**(조개)と**ソラ**(소라)だ。二枚貝はなんでもかんでも一緒くたにしてチョゲと呼ばれるし、巻貝はすべてソラだ。えっ、アサリとハマグリを区別しないの？　サザエとつぶ貝も??
　実際には、それぞれちゃんと名前はある。スーパーや市場に行けば、名前が書いて売られている。しかし、そんなことは意識していないのだ。というか、まったく貝の名前に関心がない。「この貝、何？」と訊いても、答えられる人はほとんどいない。すべてチョゲである。われわれが「貝を食べに行こう！」というときと同じ感覚で使うだけなのである。さぁ、それではチョゲを食べに行きますか！

貝焼きに貝蒸し

　そこで、貝好きには絶対はずせない一押しの料理！　**チョゲグイ**(조개구이)、つまり貝焼きだ。このワイルドでダイナミックな貝の食べ方は、もうそれだけでわくわくしてしまう。
　海岸沿い、水産市場の近く、そしてソウル市内にも数多く存在する、チョゲグイ屋。店先には水槽がずらりと並び、いろいろな貝がひしめき合っているので、すぐにわかる。
　店内はまるで焼肉屋だ。ドラム缶スタイルの丸テーブルの真ん中に炭火が赤々とたぎっていて、その上に目の粗い網がのっている。運ばれてくるのは、大皿にマジで盛りきれないほどの活きのいい新鮮な貝、貝、貝。貝の山である。種類は大小さまざま。ハマグリ、ホタテ、赤貝、タイラギ、牡蠣、サザエ……。
　そして、軍手とハサミの登場だ。なぜか軍手は、人数分の、片手分だけ。

片手で貝を焼き、もう片方の手で食べろってこと。でも、貝からほとばしる熱々の汁が飛び散って、軍手してても熱ーっとなってしまう。

　私は何もつけずにそのまま食べるのが好きだが、わさび醤油でも、チョコチュジャンでも、どうやって食べても美味い！　種類によっては、ただ焼くだけではなく、チーズやケチャップ・ソースに和えたものもある。とにかく新鮮で活きのいい貝が次から次へ。どんどん焼いて、バンバン食うべし。貝殻はテーブル下のごみ箱へ、ポン、ポン、ポン。なんとも豪快で楽しい食事である。一種レジャー感覚だ。

　チョゲチム(조개찜)という料理もある。これは貝蒸しだ。イカやカニなども入っていて海鮮蒸しのような店もあるが、主役はやはり貝だ。チョゲグイ屋で出てくる貝がのっている大皿を、そのまま蒸したようなもの。潮の香りと貝のだし汁が、湯気とともに鼻孔の奥にまで押し寄せてくる、まさに絶品料理である。チョゲグイは自分で焼かなくてはならないけれど、これはただただ食べるだけ。本当に美味い。

焼くのがお薦めのタイラギ、ハマグリ、マテガイ

　チョゲグイ屋に行くと、とにかく目につくのが、貝殻が黒くて30cmはあるどでかい貝。日本名タイラギ、韓国語では**キジョゲ**だ。貝柱がコリコリ、ヒモ(外套膜)も抜群。韓国で**カイバシ**といわれたらタイラギの貝柱のことだ。日本でも、寿司ネタでハシラといったらこれ。チョゲグイのときは、身をハサミで細かく切って、ケチャップ・ソースやチーズ、あるいはコチュジャン・ソースと和えて焼くことが多い(この作業は店の人がやってくれる)。

　ハマグリは**テハプ**と呼ばれている。本来は**ペカプ**(白蛤)というのだが、小さいハマグリを**ソハプ**(小蛤)、中くらいのを**チュンハプ**(中蛤)、大きいやつを**テハプ**(大蛤)と呼んだことから、一番大きいのが俗称として使われ

るようになったらしい。そりゃそうだ、やっぱハマグリはでかくなくっちゃ。殻から汁がこぼれないよう注意して、焼きすぎないのがポイントだ。貝の中の貝といわれるだけあって、美味さ抜群。刺身でも食べる。

　ところで、日本古来のハマグリは絶滅寸前で、現在日本に出回っているものの多くはチョウセンハマグリという種類である。名前から韓国産かと思われがちだが、実は日本の在来種で、本物のハマグリに比べてちょいと異国風ということで、付けられた名前らしい。これは、韓国には棲息していなかった。さらに、日本は韓国から、日本にはいないシナハマグリという種類を輸入していた（現在は中国から輸入）。あー、ややこしいわ。

　正確にいうとペカプは本物のハマグリを指し、シナハマグリには**マルペカプ**という名前がある。だが、そんなことは学者しか知らないだろう。

　チョゲグイ屋の山盛りの皿には、10〜15cmほどの、貝には見えない細長い二枚貝がよく入っている。**マッチョゲ**といい、日本ではマテガイと呼ばれている。マテガイのいる砂穴に塩を振ると、ピョコッと飛び出してくるので、それを捕獲する。そんな潮干狩りの楽しみをご存知の方もいるかと。

　これも焼くのが一番。殻が焦げても中身は大丈夫。だが、焼きすぎないように。水分がなくなるまで焼くと身が硬くなる。殻が開いたぐらいで、パクッといきたい。噛みしめるほど濃厚な味が口中に広がり、独特な磯の香りとえぐみは、ずばりおとなの味である。貝好きにはたまらない逸品。そもそもマッチョゲという名前からして、「味の貝」という意味なのだし。

オキシジミのスープとセットをサヌリムで

　とてもよく見かける貝。一見アサリのようで、食べたらハマグリのようでもある。これは**モシチョゲ**（모시조개）と呼ばれ、チョゲグイ屋でごまんと盛ってくれる。日本名はオキシジミ、韓国語の正式名は**カムラク**だ。

モシチョゲはスープがよろしい。**チョゲタン**(조개탕)〔))))〕といえば**モシチョゲタン**を指すぐらい、貝のスープならモシチョゲだ。絶妙なだし汁の味。これも二日酔いに効く妙薬といわれている。汁をすすったら、思わず「くー、効く〜っ」て唸ってしまう。

　弘大(ホンデ)エリアにある**民俗酒店サヌリム**のモシチョゲタンは絶品である。真っ白なスープなのに、かなり辛い。はじめて食べる人にはけっこうな驚きだ。これは、とんでもなく辛い青唐辛子(**青陽コチュ**(チョンヤン)←38ページ)の輪切りが入っているから。辛いのが苦手な人は、最初に「辛くしないで」と言っておけばよい。あっさり味の旨味たくさんのスープが出てくる。ただし、私は少々辛いほうが"効き目"が倍増されるようで、好きだ。

　読者諸君！サヌリムに行かれたら、ぜひ注文してほしいセット・メニューがある。それは、私の名前を取った**ユキエ・セット**。モシチョゲタン＋**カムジャジョン**〔))))〕(ジャガイモチヂミ)＋**マッコルリ**である。もちろん、セット値引きしてある。この店は1990年代からの行きつけで、いまのマスターのお父さんが経営していたころから通い続けている(韓国では、飲食業を親から継ぐのは珍しい)。自分の名前がメニューに載っているのは、なんともこそばゆい。しかも写真付きで。だが、味は保証する。皆さん、どうぞよろしく。

日本では絶滅寸前

　マッチョゲとよく似た貝にアゲマキガイがある。韓国語では**カリマッチョゲ**。長さは10cm弱で、細長いが、マテガイよりも貝らしい姿をしている。日本では絶滅の危機にあるので、見かけたら十分に味わっていただきたい。味はマテガイと同じでコクがあり、後を引く美味さ。

　見た目が小さな赤貝を韓国語で**コマク**(꼬막)という。体内にヘモグロビンがあるので、汁がどす黒い赤色。全羅南道(チョルラナムド)の筏橋(ポルギョ)が特産地である。軽く

茹でたものを食べるのが一般的。一個ずつ手に取って、殻をこじ開けて身を取り出し、口に放り込む。軟らかくて、噛めば噛むほどに美味い。殻を片方だけ取った貝の身を薬味ダレで和えた料理も、つきだしなどによく出てくる。

　この貝の日本名はハイガイだ。やはり、日本では絶滅寸前の生物。1万年前の貝塚からは、化石が山ほど出てくるのに……。韓国ではどっさりと獲れるので、思う存分食べてもらってけっこう。

定番のホタテ、アサリ、サザエ

　ホタテは韓国語で**カリビ**(가리비)という。チョゲグイ屋でも花形だ。もちろん美味い。刺身でも食べる。ごま油がかかっていて、刻みニンニクが添えてあったり、チョコチュジャンに辛い唐辛子がまぶしてあったりする。

　アサリは韓国語で**パジラク**(바지락)だ。アサリは、日本では味噌汁に使われることが多い。こちらでも同様で、韓国の味噌汁**テンジャンチゲ**🍶や、豆腐料理の**スンドゥブチゲ**🍶といったスープ料理にしっかり入っている。当然、いいだしを効かせている。

　名前が付いた料理では、**パジラクカルグクス**(바지락칼국수)🍶がもっとも有名だろう。普通のカルグクス(韓国麺→第5食2)は肉のだしのスープだが、これにはアサリがふんだんに使われている。すさまじい量が入っていて、食べごたえあり。

　巻貝一般を示す俗称になったソラは、本来はサザエのことである。本物のサザエが置いてある刺身屋や日本料理店もあるが、ほとんどの場合「ソラありますよ」と言われて出てくるのは、大型のつぶ貝だ。つぶ貝はエゾバイ科などに属する巻貝の通称で、大きさはいろいろだ。韓国人は普通、大型のつぶ貝もサザエも区別しない。どちらも美味しそうに食べる。

だけど、味が全然違うだろう。たしかに、つぶ貝も美味しいよ。でも、サザエじゃな〜い！と、サザエが大好物の私はいつも心の中で叫ぶのだった。チョゲグイ屋でも、「あー、今日も偽サザエか」と、こっそり落胆しているのである。それゆえに、本物が出てきたりしたら、そりゃぁもう大騒ぎ。最高、最高、サザエのつぼ焼き万々歳である。

なお、つぶ貝には、唾液腺に弱毒性物質のテトラミンという成分が含まれている種類（エゾボラモドキなど）もあるので、注意が必要だ。中毒症状は、ものが二重に見えるのが特徴で、吐き気やめまいなども併発する。加熱しても、毒性はなくならない。

韓国のチョゲグイ屋ではソラのつぼ焼きは手を出さないほうが無難かもしれない。そうはいっても、いままで何十個も食べまくってきた私は、まだ一度も症状が出たことはないが……。なお、日本では、板前さんがちゃんと唾液腺を取って料理してくれる。

日本の高級食材アワビ、牡蠣、ムール貝

アワビは韓国語で**チョンボク**(전복)だ。チョゲグイ屋でも出るし、刺身屋にもある。貝の王様ゆえ、美味いに決まってる。小型〜中型サイズをよく見るので、最初はトコブシかと思ってしまった。トコブシは**オブンジャギ**といい、済州島(チェジュド)の名産。というか、済州島以外ではお目にかかれない。アワビ料理で有名なのは、アワビ粥の**チョンボクチュク**(→第4食3🦪)。昔から親しまれてきたお粥の定番だ。

牡蠣も本当によく食べられている。**忠武(チュンム)キムパプ**(← 25ページ)でも有名な慶尚南道(キョンサンナムド)の統営(トンヨン)が名産だ。韓国語で**クル**(굴)。市場でもスーパーでも、剥き身の牡蠣が山のように売られている。日本と同じく「海のミルク」といわれていて、栄養満点だ。

お店で**セングル**(생굴)🦪(生牡蠣)を頼めば、出てくる量は半端じゃな

い。剥き身が超〜大盛りで、どかーんとお皿にのってやってくる。チョコチュジャンをつけて食べるのが普通だが、私はそのままパクッ。

メニューに**ソクァ**(석화)(石花)と書いてあれば、お上品な殻付きが出てくる。韓国伝統居酒屋の定番は**クルジョン**(굴전)。牡蠣を卵で溶いた小麦粉で軽く包んで揚げたチヂミ。韓国風カキフライだ。マッコルリのつまみにぴったり。キムチ(→第4食6)の王様**ポッサムキムチ**(보쌈김치)))))(白菜で山海の幸を包んだ豪勢キムチ)には牡蠣が不可欠。さらに、牡蠣のお粥**クルヂュク**))))、統営名物の牡蠣の炊き込みご飯**クルパプ**))))、人気上昇中の牡蠣のスープご飯**クルクッパプ**))))などなど。牡蠣料理の専門店もあって、牡蠣づくしも堪能できる。

ムール貝は**ホンハプ**という。漢字で紅蛤、赤いハマグリだ。欧州料理で大活躍し、日本ではちょっと高級食材である。しかし、韓国ではいたって大衆的。とくにムール貝のスープ**ホンハプタン**(홍합탕)))))は、飲み屋、刺身屋、食堂、屋台などで、つきだしに無料で出てくるほどである。

とってもポピュラーなコルベンイ料理

HOF(ビアホール)や飲み屋での人気料理に、剥き身の巻貝と長ねぎとするめを酢っぱめの甘辛薬味で和えた**コルベンイムッチム**(골뱅이무침)))))がある。そこに素麺を入れて、思いっきりかき混ぜて食べるのだ。若い女子が大好物にあげるメニューのひとつである。映画『猟奇的な彼女』の女主人公も大好物であった。

この巻貝を**コルベンイ**(골뱅이)と呼ぶ。水煮の缶詰になっていて、スーパーなどでたくさん売っている。日本名はツメタガイ。韓国語の正式名は**クングスルロンイ**(大珠タニシ)という。生のツメタガイを料理するのは素人には難しいので(煮すぎると硬くて食べられないし、煮方が足りないと生臭すぎてやはり食べられない)、缶詰になっているわけだ。

実は本来は、つぶ貝の一種であるエッチュウバイを煮たものがコルベンイである。そのため、コルベンイはつぶ貝と翻訳されることが多い。しかし、前述のコルベンイはつぶ貝ではないので、混乱を招く原因となっている。

　メールアドレスに使われる記号＠も「コルベンイ」と呼ぶ。たとえば私のメールアドレス kopyukie @ hotmail.com は「コルベンイ、hotmail、ドット・コム」と言う。ちなみに、カタツムリのことはタルペンイという。＠をカタツムリではなく「コルベンイ」というところが、韓国の若者の間でいかにコルベンイ料理がポピュラーな存在なのかわかるってものだ。

　ソウルの乙支路(ウルチロ)には、コルベンイ屋が立ち並ぶ一角、通称**コルベンイ通り**がある。ここでは、エッチュウバイによる昔ながらのコルベンイ料理が食べられる。平日の夜はどの店もサラリーマンでいっぱい。空席がないほどの賑わいを見せている。

シジミ、タニシ、カワニナはスープが美味

　最後は淡水の貝類。まずはシジミ、韓国語では**チェチョプ**(재첩)。慶尚(キョンサン)道と全羅道(チョルラド)の境を流れる蟾津江(ソムジンガン)で獲れるシジミが有名だ。それゆえ、釜山地方などでよく食べられる。ビタミン類豊富で、肝機能改善や身体を温める効果が抜群。これもまた二日酔いに効く妙薬だ。

　シジミ汁の**チェチョプクク**が代表料理。白濁色のスープに、これでもかといった量のシジミが入っている。深いコク、それでいてすっきりとした飲み心地。チェチョプクク専門店でオーダーすれば、シジミ汁定食として、**コドゥンオチョリム**(サバの甘辛煮)やキムチ類が一緒に出てきて、ヘルシーな一食。

　チェチョプフェはシジミの刺身である。ビックリ。生で食べるわけではない。湯がいたシジミを一個ずつ殻から取り出して、野菜とチョコ

チュジャンで和えてある。ちっちゃなシジミの剥き身がごまんと盛り付けられている様は圧巻だ。チョコチュジャンと混ぜ合わせ、スプーンでくってガツガツ食べる。ご飯にかけて即席シジミビビムパプにして食べると、これまたグーッ！

タニシのことは**ウロンイ**(우렁이)という。タニシ入り**テンジャンチゲ**(韓国味噌汁)の**ウロンテンジャン**(우렁된장)が、もっとも一般的な料理だ。貝好きには100％美味しくいただける。私も大好物。タニシ専門店に行けば、タニシづくしの料理が食べられる。

「ウロンイ セクシ」(タニシの嫁)という韓国の民話がある。タニシの姿にされた王様の娘と農夫が幸せに暮らす話だ。しかし、なぜタニシ？と思ってしまう。日本の民話にも、タニシのお嫁さんになる話がある。日本の場合は、打ち出の小槌でタニシが立派な青年に変身する。日本にしろ、韓国にしろ、大昔タニシは本当に庶民の食材だったのだろう。

そしてカワニナ。韓国語で**タスルギ**(다슬기)。忠清道の方言では**オルゲンイ**(올갱이)、慶尚道では**コディ**。日本では、ほとんど食べない(ゲンジボタルの餌として利用されているという)。非常に小さい巻貝で、身が深緑色だ。これがまた貝独特の苦味と、噛めば噛むほど深まる濃い味で、まさに珍味。

オーソドックスな食べ方は、スープ料理(**タスルギタン**(다슬기탕))。ただし、とにかく手がかかる。なにしろ貝殻ひとつひとつ中身を取り出さなければならない。その面倒くささは、巻貝ゆえシジミを上回るだろう。にもかかわらず安いっていうのが、なんともうれしいではないか。

緑がかったスープが肝機能改善に絶対の自信ありの、"効く～っ"料理である。

6 馬山名物 アンコウ

辛いけど健康によいアンコウ蒸し

　アンコウは、日本ではフグと並んで美味として有名だが、実際に食べる機会は冬の鍋物ぐらいだろう。しかし、韓国では非常にポピュラーである。
　この地でアンコウ料理といえば、有無を言わさず**アグチム**(아구찜)〔〕〕〕〕(アンコウ蒸し)だ。ブツ切りにしたアンコウを、豆もやし、セリ、長ねぎなどと一緒に、中華鍋のような大きな鍋で少量のだし汁を加えて軽く炒めてから蒸し煮した、真っ赤な料理である。小さなホヤ、**ミドドク**(エボヤ)も欠かせない材料だ。大皿にてんこ盛りで出てくるのが普通で、真っ赤に染まった豆もやしの山の中から美味しそうなアンコウの切り身がのぞく、豪快な一品である。韓国料理のなかでも一、二を争うほど辛い料理としても有名だ。
　この真っ赤なアンコウの身や豆もやしは、手前のわさび醤油につけてから食べる。唐辛子たっぷりの激辛料理なのに、さらにわさびをつけるとは。辛いうえに辛くしてどうするんだ、と言われそうだが、唐辛子とわさびの辛さの融合は、決して辛さが倍増するのではなく、なんともさわやかなハーモニーを奏でるのだった。激辛には変わりないけれど……。
　プリプリとしたアンコウに、シャキシャキとした豆もやし。豆もやしはマジで半端じゃない量が使われる。それゆえ食物繊維もバッチリ。低脂肪で高たんぱくなアグチムは、ダイエットに最適。辛い料理ゆえカプサイシン効果(唐辛子の辛味成分カプサイシンが脂肪の分解を促す)もある。コラーゲンが豊富で美肌にも！　最近、中年女性を中心に赤丸急上昇中だという。

本場以外のほうが美味しい

　アグチム屋はソウルのいたるところにある。何の気なしに街を歩いていても一軒は見つかるだろう。アグチムは慶尚南道の馬山の郷土料理として有名なので、どこに行っても**馬山アグチム**という店ばかり。江南区の新沙洞や瑞草区の方背洞、楽器屋街のある楽園洞には、アグチム屋が密集している。そこでは、「元祖馬山アグチム本店」「元祖馬山ハルメアグチム」など、店名がホントややこしい状態になっているのだった。

　本場の馬山アグチムは乾燥させたアンコウを使うが、それ以外の土地では生のアンコウを使う。生のアンコウは、軟らかい白身やゼラチン質の塊である皮など、このうえなく美味しい。乾燥ものだと、どうしても身が硬い。そのため、馬山より他の地域のアグチムのほうが断然美味しいという、本末転倒な事態になっている。

　ただひとつ残念なのは、韓国ではあん肝をとりたてて食べないということ。あん肝は、ソースの隠し味にされているとか。どこかの店で、サイドメニューで出してくれたらいいんだけどなぁ〜。

　ブツ切りの蒸しアンコウをそのまま食べる**アグスユク**(아구수육)(アンコウ茹で肉)がメニューにあるところなら、あん肝も一緒に出てくる可能性もある。しかし、あくまでも裏メニューなので期待はできない。

誕生の秘話

　1965年、釜山から馬山に嫁いで来たパク・ヨンジャさんが営んでいた食堂に、ひとりのお客がやって来た。

　「朝だけど、ちょっと一杯やりたいから、そこに干してあるアンコウでなんかつまみを作ってくれないか」

　その干しアンコウは、昨日の残り物を干しておいただけのもの。仕方ないので、注文どおりに生乾きのアンコウを豆もやしと混ぜ、唐辛子とねぎ

とニンニクとテンジャンで味付けして蒸した。聞いたことも見たこともない料理だったが、お客は喜んで食べて帰っていった。そして、その日の夜、再びやって来て、「朝食べたのと同じものをくれ」と注文したのだ。

「一日もおかずにまた食べに来るとは！　この料理を絶対メニューに加えねば」

ヨンジャさんはそう思った。これがアグチム誕生のエピソードである。そのお店は**チンチャ チョガヂプ ウォンジョ アグチム**（本当の藁葺屋元祖アグチム）という名前で、現在も営業中だ。

アグチムは馬山地方で大人気のメニューとなり、その後何軒もの店ができた。そのひとつ**オドンドン アグ ハルメチプ**（午東洞アンコウ婆さんの店）のキム・サミョン社長は、その後のアグチムの真の功労者である。生のアンコウを使った現在のアグチムの原型を開発し、1981年にソウルの汝矣島で行われたイベント"国風81"に参加して、馬山のアグチムを全国的に有名にした張本人なのだから。キム社長は、5月9日をアンコウの日"アグデイ"にしようと2009年からイベントを開始し、日夜努力を惜しまず広報活動に勤しんでいるという。

アンコウは本来、韓国語で**アグィ**という。**アグ**は慶尚道の方言だ。しかし、馬山アグチムが全国的に知れ渡ったため、いまでは誰もがアグと呼ぶようになった。方言が標準語を駆逐したわけである。それほど大衆に溶けこんだ料理なのだ。

アンコウの辛い鍋アグタンもある。アンコウだけでなく、海鮮物をどっさり入れた**ヘムルチム**（해물찜）(海鮮蒸し)、**ヘムルタン**（해물탕）(海鮮鍋)もある。どれも真っ赤だ。

▲中央市場(ソウル)のケジャン売り場

▲マグロの刺し盛り（P89）　　▲ウニ（P86）

▲チョノフェ（P87）　　▲モンゲピビムパプ（P85）　　▲メウンタン（P84）

▲チョノグイ（P88）　　▲サヨリ刺身（P105）　　▲ナマコとホヤの刺し盛り（P85）

▲サクラマス刺身（P80）　　▲ケブル（P86）

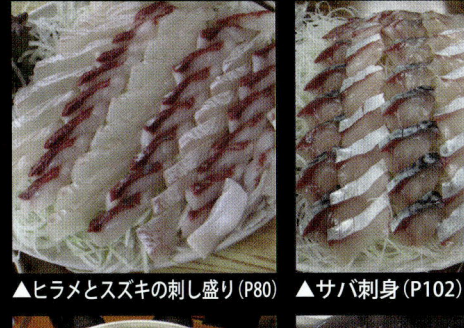

- ▲ヒラメとスズキの刺し盛り（P80）
- ▲サバ刺身（P102） 
- ▲コダリカンジョン（P99） 
- ▲テグチリ（P100） 
- ▲釜山のテグタン（P100） 
- ▲クァメギ（P102） 
- ▲アルタン（P100） 
- ▲クルビ（P105） 
- ▲茹でミズダコ（P106）

▲ハンチ(P115)	▲ヨンポタン(P111)	▲釜山のナクチポックム(P109)
▲イカ刺し(P115)	▲チョゲグイ(P117)	
▲チュックミプルコギ(P112)	▲アワビ刺身(P122)	▲チョゲチム(P118)
▲サザエつぼ焼き(P122)	▲コマク(P120)	▲生牡蠣(P122)

▲タイラギ刺身（P118）　▲チェチョプフェ（P124）　▲ヘムルチム（P128）

▲アグチム（全体）（P126）　▲アグチム（アンコウの部分）（P126）　▲ヘムルタン（P128）

▲アグスユク（P127）　▲コカルビ（P102）　▲タラバガニ（P137）

▲済州島のカンジャンケジャン（P137）　▲チュオタン（P145）

▲コムジャンオ甘辛焼き（P144） 　▲コムジャンオ炭焼き（P144） 　▲コムジャンオ素焼き（P144）

▲フグ刺し（P148） 　▲フグチリ（P148）

▲ヒレ酒（P149） 　▲鯨肉盛り合わせ（P155）

▲ポリパプ（P158） 　▲スジェビ（P159） 　▲ペチュプッチム（P159）

▲トルラムル(P160) ▲スンドゥブ(P161) ▲センドゥブ(P161)

▲釜山の禅食売り場(P168) ▲ヌルンジ(P167)

▲インサムヂュク(P166) ▲ケヂュク(P166) ▲ミナリのナムル(P159)

▲トンチミ(P177) ▲キムチ(P176) ▲キムチチゲ(P178)

▲屋台のデグメウンタン（P100）

▲うなぎ蒲焼（P140）

▲海鮮盛り合わせ（P80）

▲マグロ専門店・獨島チャムチ（P90）

▲メセンイジョン（P152）

▲メギメウンタン（P145）

▲ムルフェ（P88）

▲チャガルチ市場の鯨肉売り場（P154）

7 ご飯泥棒 ワタリガニ

カニといえばワタリガニ

アグチム専門店では、**カンジャンケジャン**(간장게장)(ワタリガニの醤油漬け)もお得意メニューに掲げているところが多い。これがもう、無茶苦茶美味い。ソウルの新沙洞(シンサドン)(江南区)や方背洞(パンベドン)(瑞草区)のアグチム屋には必ず置いてある。最初はアグチム屋だったのが、いつの間にかカンジャンケジャンがメインになった店も多い。新沙洞などは最近、**アグチム＆カンジャンケジャン通り**として有名だ。

日本でカニといったら、タラバガニやズワイガニ、それに毛ガニといったところだろう。韓国でも、そういったカニ類もよく食べる。大きなカニが店先の生簀にうじゃうじゃいる専門店に行けば、蒸したり茹でたタラバガニがてんこ盛りで出てくるので、カニ好きにはたまらない。日本のカニ専門店の如く、大きなカニのモニュメントが看板の上で足を広げている店も多い。タラバガニは**キングクラブ**(킹크랩)、ズワイガニは**テゲ**(대게)、毛ガニは**トルケ**である。

だがしかし、韓国でタラバなどの人気が出たのは最近のこと。ズワイガニは東側の海(江原道(カンウォンド)や慶尚北道(キョンサンブクド))の特産物だが、水揚げ量が少なかったため高級品で、全国的に食べられてはいなかった。実は、韓国でカニといえば、圧倒的にワタリガニを指す。日本じゃワタリガニなんて、話題にもあまりならない食材だけれど、こちらではカニの代表格なのだ。

ご飯がすすむ、すすむ

ワタリガニは韓国語で**コッケ**(꽃게)。「花蟹」という意味だ。蒸した**コッケチム**(꽃게찜)、鍋の**コッケタン**(꽃게탕)など、どれも美味い。でも、なんといっ

ても一番は、醤油漬けのカンジャンケジャンにつきる。

ケジャンは、カニ（ケ）を漬けたものという意味。**カンジャン**は醤油だ。生きたままワタリガニを醤油漬けにしたのがカンジャンケジャン。台湾料理の最高珍味のひとつであるシジミの醤油漬け、鹹蜆仔(キャムラー)を思い出す。鹹蜆仔ももちろん美味いが、やはりカンジャンケジャンに軍配が上がるだろう。鹹蜆仔はあくまでも前菜（あるいはつまみ）で、カンジャンケジャンは主役を張れる逸品料理なのだ。

ワタリガニの季節である春先の短い時期に捕獲したものを、急速冷凍して作っている専門店も多い。急速冷凍によって旨味がそのままパックされているから、季節はずれの時期でも美味しいケジャンを食べられるという。内子のあるメスガニを一年中供給できるのも、そのおかげである。

この料理、とにかくご飯と合う。別名**パプトドク**（ご飯泥棒）の異名をとるほど、ご飯がすすむ。お隣さんからご飯を盗んででも食べたいからというわけだ。

カニの殻ごとがぶりと噛みつけば、海の香りとともに濃厚な味の軟らかな身がつるりと出てくる。醤油色に染まった半透明のこの部分もマジで激美味だが、甲羅にご飯を入れ、カニ味噌と一緒にかき混ぜて食べると、もう絶品。本当に何杯でもご飯が食べられる。カニ1杯で腹いっぱい。

唐辛子より醤油

韓国では、17世紀ごろからカニを漬けて食べるようになったらしい。最初は、川に生息するカニ類を酒粕漬けや塩漬けにしていた。そのうち醤油で漬ける方法が定着し、さらに川のカニが獲れにくくなって、ワタリガニに移ったそうだ。

いまでも慶尚北道の**チャムケジャン**は、淡水ガニを漬けた料理である。川で獲れるモズクガニを使っていて、塩辛く、保存がきく。もとも

と「ご飯泥棒」といわれたのは、このチャムケジャンだったという。ちなみに、中国名物の上海ガニも、モズクガニの仲間である。

　また、ワタリガニを漬けるのは、かつては全羅道(チョルラド)のスタイルであった。全羅道ではイシガニ(ミンコッケ)を使った**ポルトクケジャン**(ﾊﾝｸﾞﾙ)も有名だ。こちらは、漬けたら1〜2日で食べなければならない。

　なお、単にケジャンというと、真っ赤な唐辛子薬味味噌で漬けた**ヤンニョムケジャン**(양념게장)(ﾊﾝｸﾞﾙ)を指すのが一般的である。焼肉屋のつきだしによく出てくるこのヤンニョムケジャンは、朝鮮戦争が終わってから登場したもの。韓国人は唐辛子が大好き。もともとあったカンジャンケジャンを差し置いて、あっという間にこの真っ赤なケジャンが食卓を席巻した。

　そもそも、ケジャンの「ジャン」という言葉は、漢字で醤。ケジャンがすでにカニの醤油漬けという意味を含んでいるにもかかわらず、ケジャン＝ヤンニョムケジャンとなってしまったことから、ヤンニョムケジャンと区別するために、わざわざカンジャン(醤油)という単語を頭にくっつけて、カンジャンケジャンと呼ぶようになったのである。

　ヤンニョムケジャンも素晴らしい味だ。しかし、本家本元のカンジャンケジャンにはかなわない。それゆえ、再びカンジャンケジャンがブームを盛り返し、昨今は専門店が立ち並ぶようになったのである。

8 ぬるぬるの美味い連中
ウナギ、ドジョウ、ナマズ、雷魚

呼び名がややこしい

　ウナギは韓国語で**チャンオ**(장어)という。漢字で書けば**長魚**である。なんともわかりやすい。長い魚はみんなチャンオと呼ばれる。単にチャンオというと、アナゴを指すことも多い。アナゴは**アナゴ**(아나고)とも呼ばれるので、非常にややこしい。最初にそれぞれの呼び名を整理しておこう。

　まずは日本でいう一般的なウナギ。淡水魚である。これは**ミンムルチャンオ**(민물장어)(真水ウナギ)、正式名は**ペムジャンオ**(ヘビウナギ)だ。

　次はアナゴ。**パダジャンオ**(바다장어)(海ウナギ)と呼ばれるが、正式名は**プンジャンオ**。ただし、前述のようにアナゴでも通じるし、チャンオと呼ばれることも多い。「チャンオ食べに行こう」と言われたら、アナゴの可能性も高い。気になるようなら、ミンムルチャンオなのかアナゴなのか、それとも**コムジャンオ**(꼼장어)(黒ウナギ、日本名ヌタウナギ)なのか、ちゃんと聞き直すこと。

　なお、コムジャンオの正式名は**モクチャンオ**(墨ウナギ)である。また、養殖されたアナゴを干潟に放し、2週間ほど泥の中で動き回らせて身が締まったものを、**ケッポルチャンオ**(干潟ウナギ)と呼んで珍重する。

　そしてハモ。正式名は**ケッチャンオ**(入江ウナギ)だが、**ハモ**(하모)とも呼ばれている。

ウナギ焼きは生姜の千切りと

　ウナギは韓国でも滋養強壮効果の高い食べ物として重宝されている。一般的な食事より少々値が張るが、日本に比べたら断然安い。

　ウナギやアナゴは、やはり蒲焼である(アナゴは湯引きでも食べる)。た

だし、鰻丼のような形で食べることはあまりない。この国では、蒲焼だってワイルドで豪快。焼肉の如く食すのだ。**チャンオグイ**(ウナギ焼き)といい、炭火焼きの店も多い。

　テーブルの真ん中に、網焼き器やロースターが設置されている。そこに、関西風に腹開きに割かれたウナギが丸ごと何匹もやってくる。蒸しは入れずに、日本風のタレ(といっても日本のタレとは違う)をつけて焼く"地焼き"である。タレなしの白焼きも可能だ。コチュジャン・ベースの甘辛いタレ焼きがある店も。

　目の前で店員が最初から焼いてくれる店もあれば、厨房でいったん下焼きして持ってくる店もある。いずれも、テーブルの上でジュージューと音を立て、いい匂いだ。食べごろになったら、ハサミでチョッキン、チョッキンと一口サイズに切り分け、ハイ出来上がり。これをサンチュやエゴマの葉に巻いて食べる。そう、韓国式の焼肉スタイルそのままである。

　手前には、八角の香りのする甘い醤油ダレや、サムジャン(薬味味噌のディップ)などが準備されている。特筆すべきは、ウナギには必ず薬味として生姜の千切りが付くことだ。日本でウナギといえば山椒と決まっているが、こちらでは生姜である(山椒は置いてない場合が多い)。匂い消しということもあるけれど、蒲焼と生姜を一緒に食べると、脂っこさが減りさっぱりとした後味になって、もっともっと食べられそうだ。

　なかにはお客が自分で焼かねばならない店もあって、さすがにちょっと閉口する。ウナギの焼き方は、素人には難しい。それでも、友人のピアニストは、自分で焼く店によく行く。彼は、一緒に日本ツアーしたときにウナギの味に目覚め、それ以来ソウルでもよく食べているのだ。焼き方が上手くなったと自慢していたが、日本で食べたウナギの味が忘れられないと、いつも言っている。そりゃ、そうだろうなぁ。鰻重の小宇宙にも似た奥深い味のハーモニーをこちらで味わうのは、やはり難しいだろう。日本

のウナギは職人気質が光る芸術品だけど、韓国のウナギはみんなで食べる焼肉パーティ。チャンオグイという名の別の料理だと思ってほしい。

　ウナギの尻尾は、男性が食べることになっている。もちろん、ハッスル、ハッスルってことだ。尾はもっともよく動くところなので身も締まっているのだが、はたして効果があるのかないのか……。

　ところで日本では、ウナギと梅干は食い合わせが悪いといわれている。しかし、これは迷信である。医学的にはどちらかというと良い食い合わせで、食べすぎを戒めるための言い伝えだという。韓国では、昔から食い合わせの悪い代表的な例として、ウナギと桃が知られている。こちらは本当だ。ウナギを食べた後に桃を食べると、桃のアスパラギン酸によってウナギの脂肪が十分に消化されず、下痢を起こしてしまう。韓国人はよく食後のデザートに果物を食べる。桃を長寿の妙薬と信じている人も多いので、ウナギの後に桃を食べてしまう可能性が十分にあるのだ。

幻の味・天然ウナギ

　ウナギは天然ものが一番だというが、韓国でもほとんど養殖ものである。天然ものは、メニューに「時価」と書かれていることが多い。

　以前、私の兄貴分がソウル近郊の山中に別荘を持っていて、そのあたりでは天然のウナギが獲れるという話を聞いていた。ある日、われわれが滞在していたとき、ウナギを捕まえたからお裾分けすると言って、管理人を兼ねていた猟師がブツ切りを持ってきてくれた。兄貴は早速鍋にして食べようと言ったが、いや、天然のウナギなら絶対焼いて食いたいと私が提案。チャンオグイにして食べることと相成った。

　そのブツ切りは、もはや肉の塊といったほうがよいくらいの大きさ。これから想像するに、ウナギの全長は確実に１ｍ以上だ。そんな大きなウナギ、見たことがない。ウナギとは違う生物なのでは？　マジそう思っ

た。一口サイズに切り分け、網で焼いて食べると、ものすごく脂がのっていて、魚というよりは肉のような食感。一切れで鰻重ひとつ完食したぐらいの満足感。だから、鍋にして食べるのか。味はたしかにウナギだったが、その脂肪には独特な匂いがあり、ウナギとは違うものではないかと、食後も頭から離れなかった。

いま思うと、ウナギとは別種のオオウナギだったのかもしれない。日本の棲息地では天然記念物に指定されている、巨大なウナギ。韓国でも天然記念物に指定されていて、**ムテチャンオ**という。もしばれたら罰金だー。その場所は開発されてゴルフ場になったので、もはや幻の味。

ヌタウナギは素焼きか甘辛焼きが美味

さて、いよいよウナギであってウナギでないウナギの話。夜の呑んべえ屋台などで見かけるコムジャンオ（ヌタウナギ）だ。ガラスの冷蔵ケースに並んでいる、ブツ切りにされた、ウナギのようなヘビのような、赤くて生臭そうな肉片。それがコチュジャンの甘辛ダレ焼きで出てくる。食べると、コリコリッとしたなんともいえない歯ごたえがたまらなく、なかなかの美味。いったい何じゃらほい？

コムジャンオはヤツメウナギと同じ仲間のもっとも原始的な無顎類の魚である。学者によっては、魚でもなく、魚以前の原始生物だとか。

ソウルでは以前、生きたコムジャンオを見る機会は少なかった。屋台などにあるのは冷凍ものだ。しかし、最近は専門店も多い。店先の水槽で、うじゃうじゃとひしめきあった異様な姿を見ることができる。一方、釜山など南部では以前からごく一般的な食材であった。

生きているコムジャンオを目の前でさばいて焼いてもらうと、その生命力の強さを目の当たりにするだろう。網の上でブツ切りにされた肉塊が、まるでひとつひとつが断末魔の悲鳴をあげているかの如く、ずーっとグ

ニャグニャと動いているのだから。皮を剥がされた後でも10時間は生きるほどの生命力なのだ。さすが"生きている化石"。その何億年分を食べるのだから、美味いわけだ。もちろん効果も絶大？　姿焼きってメニューも見かけたことがあるけど、それって、ちょっと怖くね――!?

　食べ方は、塩を振った素焼きか、コチュジャンのタレによる甘辛焼きだ。冷凍ものより、生きているやつのほうがはるかに美味い。ただし、お店によって千差万別。素材はほとんど変わらないはずだから、やはり焼き方の技術の差なのだろう。藁を使って一気に焼き上げて黒焦げになった皮を剥ぐ方法がもっとも美味いが、そんな焼き方をしてくれる店はほとんどない。お薦めの店は、ソウルの新村(シンチョン)にある**サンコムジャンオ**。

　珍しく昔からソウルで生きたコムジャンオ焼きをやっている店だ。まず、コムジャンオが太くてでかい。そして、焼き方が絶品！　潮の香りとこの噛み心地。う～ん、ホント食べごたえあり。たまりません！

　その昔は、コムジャンオは漁獲しても、他の魚にくっついたり、死んだ魚に群がったり、身体から発せられるヌメヌメで網などを汚すため、漁師はすぐに捨てていたという。そもそも、姿があまりに気持ち悪いため、ほとんど食べることはなかった。朝鮮戦争時に食べるものがなくて食べ始めたのが、本格的な食用の始まりだという。その後需要が拡大し、市場に出回るようになった。釜山のチャガルチ市場を中心にして、現在のような食べ方が形成されていったそうだ。

　韓国ではウナギの皮は縁起が良いといわれていて、財布などに人気がある。牛の皮以上の強度を誇り、劣化しにくくて丈夫だ。最初は硬いが、使っているうちに軟らかくなって手に馴染んでくるという優れもの。そして、韓国で作られるウナギ皮革工芸品の多くは、コムジャンオの皮で作られているのである。栄養満点の珍味で、なおかつ丈夫で美しい皮が取れるコムジャンオ。文句のつけようがありません。

ドジョウといえばドジョウ汁、ナマズは辛鍋

ウナギのような淡水魚で、より庶民的な魚といえば、ドジョウだろう。まっ、日本ではドジョウも高いけどね。韓国語では**ミクラジ**(미꾸라지)という。冬眠前の秋口がとくに美味しいことから、**チュオ**(鰍魚)という別名もある。

韓国のドジョウ料理といえば、ドジョウ汁**チュオタン**(추어탕)〰〰(鰍魚湯)だ。現在では、全羅北道(チョルラプクト)の**南原**(ナムオン)**式チュオタン**が全国的に幅を利かせている。丸ごとすり潰したドジョウをエゴマと味噌で仕立てたスープ料理だ。ドジョウの姿が見えないし、味噌とエゴマによって生臭さもまったくなく、初心者でも安心して美味しく食べられる。薬味で山椒を一振り。熱々のスープにピリッと効く清涼感。

慶尚道(キョンサンド)**式チュオタン**もすり潰したドジョウで作るが、味噌仕立てではなく、初めから山椒が効いている。とくに、清道(チョンド)では、ほかの川魚も一緒にすり潰したスープで作り、名物料理だ。

ドジョウがそのままの姿で入っているチュオタンもあり、よくソウル式と紹介される。ソウル市庁の裏手にある**湧金屋**(ヨングモク)という老舗店が始めた。1932年創業というこの店では、それを**チュタン**と呼び、現在もそのスタイルを頑なに守っている。ドジョウのあらでだしをとった真っ赤なスープに、何匹もごろごろ入っていて、見た目はかなりグロテスクだが、味は一級品。

チュオタン専門店には、サイドメニューとして**チュオティギム**〰〰(ドジョウのてんぷら)があるところも多い。美味しいぞ。

生簀にドジョウが泳いでいる横で、ナマズが泳いでいる店もある。ナマズは韓国語で**メギ**。代表的な食べ方は**メギメウンタン**(메기매운탕)〰〰(ナマズの辛鍋)だ。真っ赤な鍋に立派な髭を蓄えたナマズが、ど〜んと鎮座している。蒲焼が食べられる専門店もある。あっさりした上品な白身に舌

鼓。釜山の片田舎にある長安寺(チャンアンサ)への道は、**メギメウンタン通り**として有名だ。

　ナマズの仲間で、小型で棘のある**パガサリ**(빠가사리)(日本名ギギ)のメウンタンもある。ギギは、日本でも知る人ぞ知る美味魚なので(市場には出回らない)、メニューに見かけたらぜひトライ！

ハモは刺身かしゃぶしゃぶ
　昔は韓国人はハモをあまり食べず、ほとんどが日本に輸出されていた。日本(とくに関西)では、真夏のスタミナ食として有名だ。日本でたいそう貴重な食べ物であるということから、徐々に韓国でも食べられるようになった。人気が出始めたのは1990年ごろからである。はじめてハモの店ができたのは釜山だったという。ハモの特産地は、慶尚南道固城郡(キョンサンナムド コソン)だ。そのため、釜山や南部でよく食べられる。

　韓国産のハモは日本産より脂がのっていて、身が白く、骨切りしやすいので、日本の市場でも高く取引されているという。大きくて形のいいものは日本へ、中型は国内料理店へ、小さいものは地元で食べるということなので、韓国で食べるハモは若干小さめだ(日本では、小さなハモは漁獲せずに、再放流するのが取り決めだという)。

　細かくそぎ切りにした刺身を、もちろんチョコチュジャンにつけて、サンチュで巻いてパクッと食べる。あるいはしゃぶしゃぶスタイルでいただく。たとえ小さくても、脂がのっててやっぱり美味いわ～。

　全羅南道(チョルラナムド)の順天(スンチョン)では、ムツゴロウのスープ料理が名物。ムツゴロウは**チャントゥンオ**という。チュオタンと同じスタイルだが、ムツゴロウのほうがドジョウより大きいため、すり身が入っている実感が味わえる。淡白で美味い逸品だ。

　さらに、フナや鮎をはじめとしたいろいろな種類の川魚をすり潰して

スープ料理にする**オジュク**(어죽)))))(魚粥)もある。真っ赤なスープ(思ったよりは辛くない)に麺が入っているのが普通だ。**オタン**(魚湯)**ククス**とも呼ばれる。ただし、海の魚を使った白いお粥をオジュクと呼ぶ南部の地方もあるので、ちょいとややこしい。

薬として食べる雷魚

　最後は雷魚でしめるとしよう。珍しく韓国語の名称がそのまま和名にもなっている**カムルチー**(韓国語では最後の長音はなく**カムルチ**(가물치))。日本でも昔から美味として有名で、知る人ぞ知る食材だ。戦後の食糧難のときには、飛ぶように売れたといわれている。ベトナムをはじめとした東南アジアでも、ムニエルや焼き魚のあんかけ料理として人気だ。

　韓国では、妊婦に食べさせるもののなかでもっとも良いとされ、滋養強壮と栄養補給に抜群の食材として知られている。水産市場や漢方薬のエキスを売っている店で生きているカムルチを見ることがあるが、食べさせてくれる店はそうない。寄生虫がいるので、生食は厳禁。鍋や唐揚げ、チム(蒸し料理)などの料理法がある。

　このカムルチは、料理というよりは、妊婦に薬として食べさせる家庭が多い。**カムルチグク**))))(カムルチ汁)という薬膳料理は、生きたまま釜茹でにして(最初にエゴマ油を入れ、大暴れするので蓋をしっかり押さえる)、とにかく長時間煮込む。そして、煮崩れした身を布巾で包んで絞れるだけ絞りあげ、塩などで軽く味付けした煮汁を飲むのである。生臭いこと、このうえなし。でも、効果は抜群だという。産後の肥立ちに絶品であると。だけどなぁ、どうせ食べるのならちゃんと料理して美味しくいただきたいところ。効き目は同じなんだから……。

9 豪快でダイナミックな鍋
フグ

辛い鍋も辛くない鍋もフグがたっぷり

　日本では高級料理のフグ。こちらでも高級品だが、ウナギ同様、日本に比べたら断然安い。韓国語でポゴあるいはポクという。「ポク」と「福」が同じ音なので、縁起をかつぐときもある。

　古代中国からフグを食べる文化が伝わったといわれているが、現在の韓国で食べるフグ料理の多くは、日本からもたらされた。薄く切る刺身、てんぷら、ちり鍋、ひれ酒など、日本のスタイルがたくさん残っている。

　日本式のきちんとしたフグ料理（？）を出す店もある。でも、せっかくなので、韓国ならではの料理をお薦めしたい。とくに冬。ぜひ、真っ赤なフグ鍋ポンメウンタン（복매운탕）))))を。その名のとおり、フグの辛い鍋だ。

　ここまでお読みになられた読者ならおわかりだろうが、とにかく豪快でダイナミックな鍋である。皮ごとブツ切りにされたフグが、ボコボコ放り込まれているのだから。切り身がいっぱいで、鍋の底が見えないほど。そして、ぐつぐつと煮えたぎる真っ赤な鍋。そんなに辛くしたら、舌がヒリヒリしてフグの繊細さが……などと言っていては、ダメである。切り身が大きいので、味がわからなくなるなんてことはない。

　頬張ってみて、はじめてわかるフグの味。まさに海の鶏肉。いや、鶏肉よりも美味い。フーフー言いながら、ガツガツと食べる。ちまちま食べている場合ではない。

　止まれ。辛くない鍋なら、もっと日本風に味わえるじゃん。そのとおり。辛くない鍋も用意されている。それがポクチリ（복지리）))))、すなわちフグチリ（テッチリ）である。これが日本と同じようでいて、しかしまったく違う。

白いスープなのは同じだが、まず入っている野菜。多量のセリと豆もやし。そして大根。とくにセリは、韓国でフグと食い合わせがいいと昔からいわれていて、ドバーーッと入っている。これでもかといったほどの山盛りだ。仙台名物のセリ鍋にも匹敵する量である。スープは、大量のニンニクが効きまくり。やはり、ニンニクがなくては話にならないってことか。結局、大きな塊にかぶりつき、フーフー言いながら、ガツガツ食べることになる。

　つけダレにポン酢が用意されている店も多い。ただ、ちょっと甘めで、酢が弱い。わさび醤油が用意されている店もある。しかし、地方によってはポン酢も醤油も出てこない店もある。全羅南道(チョルラナムド)では往々にして、なんでもチョコチュジャンをつけて食べる。チョコチュジャンしか出てこないフグ料理店もあった。

　まぁ、どのみちフグの濃厚なだしとニンニクの効いた強烈なスープが、もうそれだけで十分に美味いので、つけダレの必要なしということなのだろう。鍋に直接お酢を入れる店もある。

白子やひれ酒もお薦め

　また、白子(ポッコニ(복구니))があったら絶対に頼むべし。半端じゃない量を持ってきてくれること請け合いだ。白子焼き(복구니구이)(ポッコニグイ)なんて、頬っぺたが確実に落ちる！

　フグの皮(ポッコプテギ)がつきだしで出てくる店も多い。チョコチュジャン和え。おかわり自由。鍋が出てくるまでの間、酒の肴にもってこい。

　で、もちろん、フグのひれ酒も置いてある。**ヒレサケ**(히레사케)と日本語で通じる。韓国ではお酒を熱燗にして飲む習慣はないが、これだけは別。超熱燗。さらに、そのでっかい湯呑茶碗に、また驚くだろう。お酒に

火をつけてくれる店もある。

　定番のお刺身やしゃぶしゃぶもあるが、さすがにそれらはハイグレードなお値段。懐に余裕のある方はどうぞ。

　フグにもいろいろ種類があり、もちろん最高級はトラフグ(**チャムボク**)である。刺身はだいたいトラフグで、それゆえ値段も張るわけだ。トラフグのコース料理だったら、日本同様けっこうなお勘定になることだろう。だが、鍋料理には、シマフグ(**カチボク**)やマフグ(**ミルボク**)などが使われていて、リーズナブルなのだ。

　フグはフグだ。美味いことに変わりはない。それが庶民の味方というわけ。日本では普通トラフグ以外は食用にしないので、フグは高級料理のままなのである。

　ところで、韓国でもフグ調理は免許制である。ご安心くだされ。と、言いたいところだが、日本でも素人料理のフグにあたって死亡なんて記事を目にすることがある。韓国も同様だ。漁師だけではない。芸能人や国会議員がフグにあたって入院、死亡なんて事件も起こっている。

　水産市場などでフグを売っているのを見て、安いからといって、そこで料理してもらおうなんて考えは、決して起こさないこと。たしかに市場で売っているし、頼めばさばいてくれるだろう。しかし、市場で働くアジュンマたちが免許をもっているわけがない。自己責任どころか自殺行為同様である。皆さん、フグは必ず専門店で食べるようにしてください。お願いします。

10 海藻もよく食べる
海苔とワカメ

韓国海苔は早く食べたほうがいい

韓国土産の代表といえばキムチだが、重いし、匂いも気になるところ。軽くて安い韓国海苔が一番人気ではなかろうか。

お土産の韓国海苔は、基本的に塩とごま油で味付けしてある。デパートに行けば、目の前で作ってくれた出来立てのほやほやを買うことができる。海苔はビタミンが豊富で、カリウムや鉄分などのミネラルも多く含んだアルカリ性食品。脂肪が1%も含まれていないため、油を塗って焼いたほうが栄養価が高まり、味もよくなるというわけだ。

しかし、油は放っておけば必ず空気中の酸素と結合して酸化し、過酸化脂質が増え、身体に毒である。だから、韓国海苔はなるべく早く食べたほうがいい。これ、鉄則。

韓国語で海苔は**キム**(김)という。17世紀に清国との戦いのために出陣していた金汝翼(キム ヨ イク)が、太仁島(テ イン ド)(全羅南道 光陽市(チョル ラ ナム ド クァンヤン))で、海に漂う木片に海苔が付着しているのを見て養殖を始めたという。その名前を取り、海苔をキムと呼ぶようになったのだとか。キムって人の苗字じゃんって思っていたら、本当にそうだったという話。

朝鮮半島で本格的に海苔の生産が始まったのは、日帝時代の1910年に日本の養殖技術などが導入されてから。そして解放後、日本への輸出が大々的に開始された。良質な海苔はみな日本へ。残されたクズ海苔をどうにか美味く食べようと考案されたのが韓国海苔だったのではと、私は思っている。味付け海苔という手法は、1869年に山本海苔店が発明した。その味付け方法には数種類あり、そのひとつが日帝時代に韓国に伝わったという。それがアレンジされ、現在のスタイルへ形成されていったのだ。

海苔のいろいろ

　日本の海苔のほとんどは、養殖のスサビノリである。それに対して韓国海苔は、天然の**トルキム**(岩ノリ)によく含まれているオニアマノリなどがおもで、密度が薄く、穴が開いている。ただし、スサビノリを混ぜて作られていることも多い。

　チェレキム(在来海苔)とはスサビノリ100％のこと。味付け海苔ではない。醤油をつけて食べる。洋酒のつまみに出てくるバーもある。ちょっと高級な海苔という感じか。

　きざみ海苔を炒めたふりかけ風の**キムジャバンポックム**(김자반볶음)(海苔の塩炒め)は、最近の人気商品だ。**キムジャバン**、**チャバンキム**などとも呼ばれる。日本では「ザバンのり」なる商品名。ふりかけ、子どものおやつ、酒のつまみに最適！

　生の青海苔**パレ**(파래)も、市場やスーパーなどで売っている。大根と一緒に酢で和えた**パレムッチム**が、パンチャン(付け合わせ)としてよく食卓に上がる。磯の香りのさっぱりとした一品。パレの板海苔は**パレキム**という。

　最近ブームになっているのは**メセンイ**(매생이)だ。日本語ではカプサ青海苔という。非常に細い海藻で、深緑色。全羅南道の沖合で採れ、11月末から2月初頭までがシーズン。まさに冬の味覚といったところ。代表的な食べ方はスープ料理**メセンイクク**(매생이국)だ。熱いスープに、ゆらゆらと漂う緑色の藻。その合間から見え隠れする牡蠣。ニンニクの効いたスープからは磯の香りが立ち上がり、まろやかでこのうえなく、上品な味わいだ。

　メセンイは、日本語でも出版された韓国のグルメ漫画『食客』(ホ・ヨンマン作)にも登場した。漫画で言及されているとおり、いまではソウルにも一年中食べられるお店が登場している。メセンイのチヂミ**メセンイジョ**

ン(매생이전)〰〰は、見るからに怪しい深緑色の平べったいおやき風。モチモチした食感と濃厚な磯の香り満喫で、これまた抜群なお味。

子どもが生まれたらワカメスープ

　韓国人がもっとも食する海草は何か。それはワカメである。韓国語でミヨクという。そして、**ミヨククク**(미역국)〰〰(ワカメスープ)は韓国人にとって本当に特別なスペシャル料理なのだ。

　子どもが生まれたら、産後の最初の食事は何をもってもまず、ワカメスープである。しかも、尋常じゃない量のワカメ入り。日本の味噌汁の具に浮かぶワカメなんて、てんで話にならない。スープに群生するワカメの如し。

　たしかにワカメには、カルシウム、カリウム、ヨウ素、アルギン酸、各種ビタミンに、抗ガン効果のあるフコダインなどが含まれていて、栄養価抜群だ。だからといって、そんなに多量に食べなくても。いや、ホント、むしゃむしゃ、もぐもぐと、皆さんよく食べる。

　それに由来してか、韓国では誕生日にワカメスープを飲むことになっている。韓流ドラマでそういうシーンを見た人、多いのでは？　自分で作ってはダメで、他人に作ってもらわないといけないそうだが……。

　ワカメスープに、ねぎは入れない。韓国では、ワカメとねぎは食い合わせの悪い代表的な食べ物である。それは科学的にも実証されていて、ねぎのリンや硫黄成分が、ワカメのカルシウムの吸収を妨げるのであった。

11 韓国も捕鯨国だった！
鯨

捕鯨は1986年に禁止

　魚介類の最後は、鯨で締めくくることにしよう。肉の章に入れるか迷ったのだけど……。

　韓国も捕鯨国であった。だが、1986年に禁止され、現在は日本と同じような境遇にある。韓国で捕鯨されていた鯨はコククジラという小型。乱獲の憂き目にあって、いまでは非常に珍しい種類となってしまった。

　釜山の北に位置する港町で、いまは現代重工業・現代自動車の拠点でもある蔚山(ウルサン)は、韓国屈指の捕鯨港として有名であった。とくに、市内の長生浦(チャンセンポ)はかつての捕鯨基地であり、現在もわずか1.5kmに30軒ほどの鯨料理店が立ち並ぶ。そして**長生浦鯨博物館**。ここに来れば、韓国捕鯨の歴史がすべてわかる。日本語のパンフレットもちゃんと置いてある！　さぁ、お勉強の時間ですよ。

　日本は調査捕鯨と称して、南極海で年間1000頭近くの鯨を捕っている。

食べる前に勉強を！　長生浦鯨博物館

これは国際捕鯨取締条約第8条の拡大解釈。同条は、調査のための数十頭ほどの捕獲を想定したもの。

それでは韓国は？　韓国では調査捕鯨は許可されていない。鯨肉の輸入も禁止されている。ならば、どうやって鯨肉を入手するのか？　公式には、韓国政府がいうところの"潜在的な捕鯨"、つまり偶然網にかかったか、もしくは浜に打ち上げられた鯨だけが、流通してよいことになっている。この"偶然"っていうのが曲者。まぁ、これ以上深くは追及しないけど。なにしろ、食べられなくなったら困るもの。

もともと鯨肉を食べるのは蔚山近辺の人がほとんどで（釜山にも鯨専門店があり、チャガルチ市場でも鯨肉を売っている）、他の地域の韓国人は食べたことがない人が多い。一般的とはいいがたい食材である。しかし、蔚山では昔から愛され、食され続けてきたのだから、B級グルメとして取り上げたわけだ。

高いけど美味い

1951年創業の老舗鯨料理店**コレコギ　ウォンジョ　ハルメチプ**（鯨肉元祖お婆ちゃんの家）へ行ってみよう。2002年の日韓共催ワールドカップのときには、蔚山広域市代表料理店に指定された。とはいっても御禁制の食べ物でもあるわけで、微妙だな〜。

ちょいと値が張るが、ここは大盤振る舞いで、特大の大皿盛り合わせをぜひ！　**ウネ**（胸）、**コロ**（皮）、**ユッケ**、**内臓類**、**オベギ**（尾ビレとヒレ）……。いやぁ、もう目茶美味い。舌鼓、打ちっぱなし。

とくに、ユッケは牛肉とまったく変わらない。韓国人には、ユッケが一番口に合うという。ほかの部分は、ちょっと匂いが気になるらしい。

ちなみに、韓国では鯨肉にイルカの肉も混じっている。イルカも鯨として扱っているのだった。

第4食
ヘルシー料理大集合

　韓国では昔から、**モメチョッタ**（身体によい）という言葉がよく使われる。とくに食事をしていると、「これは身体によいから」「身体によいのに、なんで食べないの」「身体によいんだから少しでも食べなさいよ」……。

　韓国人の食に対する考え方の基本に、薬食同源というのがある。薬と食べ物は源が同じという意味で、中国薬膳料理の教えでもある。食べ物は健康を支える薬であるという考え方なのだ。

　だからかもしれないが、ビタミンCやローヤルゼリーやDHAなどにすぐ踊らされる（日本も同じだけれど）。「我が国民は健康のためなら命を惜しまない」とまで言うほどである。日本語では薬は飲むものだが、韓国語では「ヤグル　モゴヨ（薬を食べます）」だ。

　21世紀に入るとWell-Beingという流行語が生まれた。韓国語では**ウェルビン**と発音する。「健康で幸せな」というような意味だが、ウェルビン・フード、ウェルビン・レストランから始まり、ウェルビン族も登場した。

　そのライフスタイルは、魚や有機野菜を食べ、ヨガやフィットネスクラブなどのウェルビン教室に通い、登山やサイクリングなどの趣味を楽しむウェルビン生活だ。

　このブームのおかげで、それまであまり顧みられなかった伝統食が脚光を浴び、再評価された。また、自転車は労働者が仕事で使う乗り物というイメージだった（バイクも同じ）が、いまでは漢江（ハンガン）のほとりをさっそうと走り抜けるカラフルないでたちの自転車族がいっぱいだ。

　ここでは、そんなモメチョッタでウェルビンなコリアン・フードを紹介しよう。

1 懐かしい味
麦飯定食

手作りの懐かしい味

　私が物心ついたときから、我が家はご飯がいつも麦飯であった。母が当時としては珍しく健康志向バリバリの人で、意識的に麦を混ぜて炊いていたのだ。なんで我が家のおにぎりはいつもボロボロッて崩れちゃうんだろうって、子ども心に思っていた。そうやって育ったものだから、私は麦飯が大好きである。麦飯＝貧乏というイメージはない。

　さて、麦飯定食である。韓国語で**ポリパプチョンシク**(보리밥정식)♪♪♪♪、あるいは単に**ポリパプ**という。

　簡単な料理だ。何種類ものナムル(韓国式和え野菜)に、生野菜、キムチ、漬物、豆腐などの**パンチャン**(付け合わせ)が並び、大きめのお碗に盛られた麦飯(米に麦が5〜8割くらい混ざっている)が出てくる。麦飯の器にナムルを入れ、ごま油とコチュジャンで味付けし、あとはとにかくかき混ぜる。濃いめに味付けされた**テンジャンチゲ**♪♪♪♪(韓国味噌汁)もたいてい付いてくるので、それも少しずつ混ぜながら。早い話が麦飯ピビムパプ(←24ページ)だ。

　田舎料理といったらそれまでかもしれないが、素朴で質素な味が、なんか、こう、妙に懐かしいというか、心の故郷。ご飯を食べて、こんな気持ちになるのも珍しい。

　お薦めは地下鉄2号線と6号線の合井(ハプチョン)駅から歩いて5〜6分のところにある**ソルレハノクチプ**。路地の角を入ったところにあり、知る人ぞ知る隠れ家的な存在。昔ながらの韓国式住宅である**韓屋**(ハノク)を改造しており、入店するや一気に懐かしい気分にさせられる。そんな雰囲気にもかかわらず、お客さんに若い人が多いのは、ここが若者の街・弘大(ホンデ)エリアだからだろう。

ナムルにしろ、テンジャン(味噌)にしろ、すべて店のアジュンマ(おばさん)の手作り。メイン・メニューの麦飯定食はもちろん絶品だが、**コンナムルクッパプ**(콩나물국밥)(豆もやしスープご飯)や**ペチュプッチム**(배추부침)(白菜チヂミ)もはずせない。マッコルリには高麗人参が仕込んであって、もう至れり尽くせりだ。

　そしてもう一軒、すぐ近くにあるポリウルも私の行きつけだ。こちらは通りに面していて、おしゃれな店構え。ここは食器がみな焼物。やはり陶器で食べると、味に深みが増すんだよなぁ〜。

　新鮮な野菜のみ、化学調味料一切使用せず。そんな麦飯定食は、もちろん文句なし。しかも、量が半端じゃない。もうひとつの看板メニューは**スジェビ**(수제비)(韓国風すいとん)。土鍋で出てくる。これも半端じゃない量。そして、韓国では珍しく鰹節が山のようにのっている。友人と連れ立って行くべし。それでも、腹いっぱいは確実だ。

季節を伝えるナムル

　麦飯やピビムパプで重要なポイントは、やはりナムルであろう。ナムルは、野菜や山菜を湯がいたり炒めたりして(あるいは生のまま)、ごま油、塩、ニンニクなどで味付けした和え物である。日本の焼肉屋では、もやし、ゼンマイ、ほうれん草ぐらいしか出てこないが、こちらでは星の数ほど種類がある。ざっと思いつくものをあげてみる。

　コンナムル(豆もやし)、**コサリ**(ワラビ)、**コビ**(ゼンマイ)、**シグムチ**(ほうれん草)、**トラジ**(キキョウの根)、**トドク**(ツル人参)、**マヌルチョン**(ニンニクの芽)、**トランチュルギ**(里いもの茎)、**コグマチュルギ**(サツマイモの茎)、**ミナリ**(セリ)、**ケンニプ**(エゴマの葉)、**エホバク**(韓国かぼちゃ)、**プチュ**(ニラ)、**きのこ類**、**カジ**(なす)、**ム**(大根)、**タングン**(人参)、**ウオン**(ごぼう)、**オイ**(きゅうり)、**スッカッ**(春菊)、**ユチェ**(菜の花)、**モウィ**(フキ)、

トルラムル(ツルマンネングサ)、**スク**(ヨモギ)、**チャムチュイ**(シラヤマギク)、**タルレ**(ノビル)、**スンバギ**(ニガナ)、**ネンイ**(ナズナ)、**ミンドゥルレ**(タンポポ)などなど。

　麦飯定食屋では、ナムル類を最低7〜10種類は準備してある。これだけの野菜を摂れば、どう考えてもモメチョッタであることは間違いない。

　ナムル類は季節の移り変わりと切っても切れない。パンチャンに、菜の花、ヨモギ、ナズナなどが出てきたら、もう春だなぁ〜と感じるものである。私はとくに、ツルマンネングサの葉っぱが食卓に上がると春の訪れを感じる。ツルマンネングサのチョコチュジャン和えが大好きなもんで。

　ところで、なぜか韓国ではワラビには精力減退効果があるといわれているのだが…はて？

古代米や五穀米のブーム

　ご飯に古代米や粟、黍、玄米などを入れて炊く五穀米のブームは、日本より韓国が先だった。古代米の一種である黒米(フンミ)は小粒で真っ黒。これと一緒に白米を炊くと赤飯のように赤みがかったご飯になる。ポリフェノールなどが多く含まれていて健康によく、見た目もきれいなため、一時期どんな小さな食堂に行っても**コンギッパプ**(ご飯)がこの赤いご飯だった。

　五穀米は、そもそも誕生日や陰暦1月15日に炊くのが昔からの習慣である。

2 ヘルシー・フード No.1
豆腐料理

韓国の豆腐は硬め

　豆腐はヘルシー・フードとして世界的に有名で、英語表記も tofu である。アメリカの学校給食にも出るという。なにしろ消化率が 95％以上、子どもにはもってこいだ。

　日本同様、韓国にも豆腐がある。韓国語では**トゥブ**(두부)と発音する。絹ごしではなく木綿が主流だ。全体的に、日本の豆腐より硬めである。本来の日本の豆腐は職人気質に裏打ちされた芸術品のようなものだが、韓国の無骨で香ばしさの漂う素朴な味わいの豆腐もいい。もちろん、どちらも手作りの出来立てに限るけれど。

　たまにメニューにあるのが**センドゥブ**(생두부)🔊(生豆腐)。日本なら冷奴だが、こちらではだいたい温かい豆腐が出てくる。美味い店なら、何もつけないで、いただきま～す。飲み屋の定番メニューによくあるのは**トゥブキムチ**(두부김치)🔊(豆腐キムチ)。温かい豆腐に豚肉と一緒に炒めたキムチがセットで出てくる。これも人気の一品。

本来は白い豆腐鍋

　韓国の豆腐料理で一番有名なのは**スンドゥブ**(순두부)🔊だろう。日本やアメリカにはチェーン店まである。アメリカでのスンドゥブの表記は soon tofu と日韓折衷型だ。本来のスンドゥブはおぼろ豆腐のことで、固まりきらない軟らかい状態を指すのだが、現在は**スンドゥブチゲ**(スンドゥブの鍋)のことをスンドゥブと略して呼んでいる。

　一般的なスンドゥブは、アサリを中心とした海産物の真っ赤なスープに、ねぎなどの野菜とおぼろ豆腐、そして落とし卵が浮かんでいて、ごま

油の香りがする。熱くて辛いスープをフーフー言いながら食べる、庶民的で一般的な料理である。

　絹ごし豆腐を潰して作る、本来の意味から逸脱した、なんちゃってスンドゥブを出す食堂も多い。具に海鮮以外の牛肉や豚肉を用いるバリエーションが広まったのは、アメリカで流行ってからだという。

　赤くないスンドゥブもあって、ハヤンスンドゥブ(하얀순두부)(白いスンドゥブ)と呼ばれている。お湯にスンドゥブが浮かんでいるだけで、自分で好みの醤油を垂らして食べる。豆腐そのものを味わう食べ方だ。実は、これがスンドゥブを食べる本来のスタイルである。

　そういう店は、豆腐が完全手作りでなければできない。実際、ハヤンスンドゥブがメインの店は、売り切れ御免だ。早朝に作った豆腐がなくなれば営業終了。スンドゥブそのものの味で勝負！　そんな気負いの店が美味くないわけがない。豆腐好きの私は、その手の店によく足が向く。スンドゥブチゲもいいけど、せっかくなら美味しいスンドゥブそのものが食べたいので。

　日本海側にある江原道(カンウォンド)の江陵(カンヌン)の草堂洞(チョダン)では、スンドゥブ村が有名だ。海水をにがり代わりに使った豆腐が特産で、美味しいスンドゥブ食堂がそこらじゅうにある。売り切れ御免だから、行くなら朝か昼に。私が食べに行ったときは午後3時ぐらいだったが、ラストワンで、危うく食べ損ねるところだった。店のお婆さんが毎日早起きして、豆腐作りをしているという。豆腐だけでここまで美味いのかと思わせる絶品であった。

おからも鍋で

　豆腐の搾りかすとして出てくるのが、おからだ。韓国語でピジ(비지)という。残りかすと侮るなかれ。これ、豆腐より栄養満点の優れもの。捨てたらもったいないと思うのはどこも同じ。じゃあどうやって食べようかと

思えば、やはり韓国。ええいとばかりに鍋料理になってしまった。**ピジチゲ**(비지찌개)〔))))〕、おから鍋である。

トゥッペギ(뚝배기)(1人用の韓国式土鍋器)いっぱいのおからが、ふつふつと煮え立っている豪快さ。ほどよく水分を吸収したおからは、とろみ十分。おからにありがちなぼそぼそとした食感はなく、食べるスープといったところか。残り物までこんなに美味しくいただいちゃおうというのだから、頭が下がる。

しかし、ウェルビンなおからの鍋だとはいっても、ベジタリアンには薦められない。豚肉とキムチが基本の具だからである。

ピジチゲは、北朝鮮の平安道(ビョンアンド)の郷土料理。もともとは、煮込んだスペアリブ(豚の骨付きバラ肉)の熱々スープに、おからを放り込むだけの、簡単でワイルドな料理だったらしい。最近では、大豆を一晩水に浸けてからミキサーにかけて粉々にして作ったピジを煮るという料理法が本格的だとされている。これは、おからがほとんどの豆腐工場で廃棄処分されて、良質なおからが出回らないため。でも、このほうが豆そのものなので、栄養価は高いかも。

夏は豆乳の麺

豆腐が豆腐になる前は豆乳。いまでは牛乳に代わる健康飲料として、世界中で愛飲されている。韓国でもパック式の豆乳がたくさん発売されているが、どれも甘い。健康に気を遣った黒豆豆乳もあるが、これも甘い。これじゃ健康に気を遣った意味がないってば〜。

この豆乳を使った韓国ならではの食べ物がある。夏の風物詩として知られる**コンククス**(콩국수)〔))))〕、豆乳麺である。コンは豆、ククスは麺だ。なんと、冷やした豆乳に麺が入っているのだ。日本では、「冷やし中華始めました」という貼り紙が夏の到来を告げる。韓国では、「コンククス始

めました」がそれにあたる。

　豆乳と麺の組み合わせに、最初は驚くかもしれない。でも、先入観は捨てて挑戦すべし。味付けはされていないので、自分で塩味を調節する。ただし、その必要がないほどに美味い店もある。

　夏になると多種多様な食堂で食べられる。豆腐専門店、カルグクス（韓国麺）屋、プンシク（粉食）店、マンドゥ屋、中華料理屋、屋台、普通の食堂、エトセトラ、エトセトラ。だが、コンククスの白いスープは、やはり豆腐専門店に軍配が上がる。麺はいろいろだ。細麺、太麺、硬さもいろいろ、そば麺で作る店もある。個人的には、手打ちを売りにしている中華料理屋の豆乳麺が一番。コシがあるからねぇ〜。

ぐつぐつ煮込む味噌汁

　そして、大豆を使った発酵食品。韓国料理のもっともベーシックな調味料は、日本と同じく味噌や醤油である。

　醤油は**カンジャン**と呼ばれ（→139ページ）、日本の醤油より若干甘めだが、ほぼ同じである。一般的な醤油は日帝時代に入ってきた日本式の大量生産方式で作られ、「ケリャン（改良）カンジャン」という。どうりで似ているわけである。なお、伝統的な方法で作られた醤油「チョソン（朝鮮）カンジャン」は、けっこう塩味がきつい。

　味噌は**テンジャン**という。これも日本とほぼ同じだが、味や香りは微妙に違う。韓国でもっとも庶民的で基本中の基本料理テンジャンチゲは、家庭と店、すべて味が違う。日本の味噌汁と同じく、まさに"おふくろの味"というべき存在だ。

　ただし、日本とは大きな違いがある。味噌汁は決して沸騰させない日本式に対し、韓国では、これ以上ないというほどに強火でグツグツ煮込んでこそ美味いのである。「日本は風味をとり、韓国は味をとる」などといわ

れる。これって、そもそもそれぞれの料理法に合った味噌がそれぞれの国で作られていると考えるのが妥当ではなかろうか。日本の味噌でテンジャンチゲを作ったら物足りないし、韓国の味噌で味噌汁を作ると味噌の味が強すぎるからねぇ。

韓国にも納豆がある

　もうひとつ大豆の発酵食品として有名なものは納豆だろう。日本独自の食べ物で、外国人がもっとも食べられない日本食のひとつとして知られている。実は、韓国にも納豆と同じようなものが存在する。それは**チョングクチャン**(청국장)。韓国味噌の一種で、納豆と同じように藁を使って発酵させる。藁に生息する枯草菌(納豆菌は枯草菌の一種)によって、同じような匂いを発する味噌が出来上がるのだ。納豆と違って糸は引かないが、匂いは納豆よりも強烈である。

　食べ方はチゲ。正式名称は**チョングクチャンチゲ**())))だが、単にチョングクチャンと呼ばれている。テンジャンチゲと納豆汁が合わさったような一品で、定食屋や食堂のメニューにもよくある大衆的な食べ物だ。チョングクチャンは、テンジャンチゲの隠し味として使われることも多い。それゆえ、韓国人には納豆が平気な人がたくさんいる(余談だが、韓国人が嫌いな日本の食べ物の第1位は梅干だろう。シソが苦手な韓国人もけっこう多い)。

3 バラエティ豊かな お 粥

とにかく種類が豊富

　病気になったらお粥を食べるだろう。風邪をひいたときや食欲不振のとき、消化がよくて身体を温める保養食として、よく食べられてきた。韓国でもお粥は、一般的には病人食のイメージだ。病院のあるところには必ずといっていいほど、お粥屋さんがある。

　ただし、胃が悪いときはお薦めしない。胃の悪いときは、口で噛むことで唾液を分泌させ、消化の手助けが必要なのだ。お粥は丸呑みしてしまうから、結局胃に負担がかかってしまう。実際、韓国で一番人気のアワビ粥は、決して病人食ではないよなー。やっぱ消化に悪いでしょ、アワビは。

　韓国では昔から朝粥を食べる習慣があったので、朝食にお粥を食べる人はいまも多い。お粥は韓国語で**チュク**(죽)。ごま油で味付けしてあるのが特徴だ。日本とは比べものにならないほど種類が豊富で、バラエティに富んでいる。

　チャッチュク(松の実粥)、**ケヂュク**(ごま粥)、**ノクトゥヂュク**(緑豆粥)、**ホバクチュク**(かぼちゃ粥)、**パッチュク**(小豆粥)、**チョンボクチュク**(アワビ粥)、**クルヂュク**(牡蠣粥)、**セウヂュク**(エビ粥)、**ケサルヂュク**(カニ粥)、**ヘムルヂュク**(海鮮粥)、**タクチュク**(鶏粥)、**ソコギヂュク**(牛肉粥)、**ヤチェヂュク**(野菜粥)、**インサムヂュク**(高麗人参粥)、**ソンイヂュク**(松茸粥)。

　とまぁ、具の種類の数だけあるわけで、さらに組み合わせで**ソコギヤチェヂュク**(牛肉+野菜)などとなり、バリエショーンは数限りない。最近では、チーズ入りのお粥という新世代向きメニューまで登場している。

　もっともベーシックなものはチャッチュクだ。シンプルな白粥に松の実がちょこっとのっているだけ。

ケヂュク、ノクトゥヂュク、ホバクチュクは、ミキサーにかけて粉々にした材料と、うるち米の粉とを混ぜて炊き上げていて、出来上がった粥はペースト状だ。ケヂュクは真っ黒、ノクトゥヂュクは緑色、ホバクチュクは黄色。これらは伝統的なお粥で、素材の味や香りが生きている。ケヂュクは見た目が真っ黒なんで一瞬躊躇するが、ごまの香ばしい匂いがたまらない。パッチュクは、甘くないお汁粉だと思っていただければよい。
　そのほかのチュクは、お粥というより雑炊に近い。そういえば韓国では、鍋料理の〆の飯は、雑炊というより炒めご飯である。雑炊っていう料理概念がないのかなぁと思っていたが、すべてお粥に取って代わられたのではなかろうか。
　ちなみに本当の病人食である重湯(おもゆ)は、韓国語でミウム（米飲）という。

香ばしいお焦げの飲み物

　ご飯を炊いたとき、釜の底にお焦げが残るではないか。そのお焦げを**ヌルンジ**（누룽지）といって、けっこう重宝する。お焦げだけ袋に詰めて売っているし、ヌルンジ味の飴も人気だ。そのヌルンジにお湯をかけたものが**スンニュン**（숭늉）だ。たまげた、おこげのスープ！　香ばしいお米の味がなんとも落ち着く飲み物である。大分や広島で食べられている焼き米そっくりだ。
　韓国ではその昔、仏教が禁止されて、お茶の文化が途絶えたという歴史がある。しかし人間、飯を食ったら食後に何かしら飲みたいものだ。そこでお茶に代わる食後の飲み物として考案されたのがスンニュンなのではなかろうか。残ったご飯も有効利用できるし、釜もきれいになって一石二鳥。しかも、スンニュンには消化を助ける働きがあるという。これまた願ったり叶ったり。

4 健康食品
禅食と葛の根

穀物などを粉にした健康食品

　韓国のデパートの食料品売り場に行くと、穀物などを砕いて粉にして牛乳と混ぜ合わせた飲み物の試飲コーナーがある。透明なプラスティックの大筒が何本も並べられていて、中にいろいろな粉が入っている。これらの粉を適当に調合してミックスしたのが**ソンシク**(선식)である。漢字で**禅食**と書く。水やお湯、牛乳、豆乳などで溶き、場合によっては蜂蜜を入れて飲む、健康食品だ。

　禅食の起源は、新羅(シルラ)時代(356〜935年)にまで遡る。当時の新羅の真興(チヌン)王が、巫女の代わりに容姿端麗な青年を男巫として起用。花郎(ファラン)と名づけ、そのもとに集まった青年たちを花郎徒(ファランド)と呼んだ。その集団は、貴人たちの社交クラブのようでもあり、多くの人材が輩出されたという。

　その花郎徒が朝鮮半島の山や川に出かけて修行するときに携帯した食べ物が、7種類の穀物を乾燥させてブレンドしたものだった。7つの穀物とは、玄米、もち米、麦、黒豆、黒ごま、エゴマ、はと麦である。

　似たような健康食品に**生食**(センシク(생식))がある。禅食は火で炒めてから粉砕するが、生食はそのままフリーズ・ドライ方式で乾燥させてから粉にする。一説には、火を加えていない分だけ、生食のほうがビタミンやミネラルの破壊が少ないという。花郎たちが食べたといわれているものは、どちらかというと生食に近かったのではと私は推測している。

　禅食と呼ばれるようになったのは、肉をまったく使っていないからだろう。お坊さんが食べる精進料理にあやかった名称だと思われる。釜山の富平(プピョン)市場にある**テボソンシク**(大宝禅食)は"禅食の元祖"を謳う。ただし、禅食という名前は自分がつけたのではないと店長は言っていた。

禅食売り場には、7つの穀物以外にも、多くの種類の粉が用意されている。トウモロコシ、小豆、あわ、きび、そばといった穀物。ピーナッツ、アーモンド、栗、胡桃(くるみ)などの木の実類。山芋、ごぼう、人参、蓮根、ジャガイモ、かぼちゃ、椎茸、マッシュルーム、キャベツ、玉ねぎ、ほうれん草といった野菜。さらに、昆布にワカメといった海草。いずれもダイエット食品、子どもの栄養補給、サプリメントとして宣伝され、便秘に効く、消化によい、肝機能保全などの効果が謳われている。

　これらの粉を**ミスッカル**(미숫가루)という人もいる。日本のはったい粉で、関東では麦焦がしと呼ばれていた。大麦を炒って挽いた粉である。はったい粉を水で溶かして砂糖を加えた飲み物は、日本でも昔は子どものおやつとして重宝された。整腸剤としても効果テキメンだったそうだ。

　韓国でも、砂糖や蜂蜜を入れ、氷で冷やして飲んだという。ミスッカルは、昔懐かしい夏の風物詩なのだ。ミスッカルをグレード・アップしたものが禅食だと思っても、かまわないだろう。ちなみに、**ミシッカル**が正しい標準語である。まぁ、どちらでも通じるので心配はご無用。

　こうした粉ものは1980年代に流行りだした。その後、広く親しまれるようになり、いまではデパートでも購入できる。好みの材料を選んで体調に合わせたものを作ることができる。もっとも、最近は既製品も多く売っている。家族禅食、受験生禅食、子ども禅食、スリム禅食、糖尿禅食といったように、それぞれ調合されている。

　禅食はミクロ単位のパウダーなので、意外に溶けにくい。かき混ぜただけだと、どうしても粉が団子状態になってしまうので、専用のシェイカーを使ってシャカシャカとよく振ったほうがいいだろう。試飲コーナーでは、電動ミキサーで常にかき回している。

　肝心の味だが、個人的には不味くないと思う。粉っぽいのは確かだけれど。

ほんのり甘い葛の根の搾り汁

　ある日、地方の野外イベント会場で、真っ黒な搾り汁を売っている怪しい出店があった。いい顔のアジョシ（おじさん）たちがたむろしている。金属製のタンクに蛇口が付いていた。こうしたタンクは、温かいお茶に用いられることが多いが、そういう雰囲気ではない。たぶん、何らかのエキスで、強壮効果があるという類いのものだろう。

　興味本位にのぞいていたら、ひとりのアジョシが手招きする。紙コップ一杯1000ウォン（約90円）。安いじゃないか。

　注がれたのは、泥水のように真っ黒なジュース。まわりを見ると、みんな一気にぐびーっと飲み干している。よし、意を決して飲んでみるか。

　ゴク、ゴク、ゴク。あれっ、思ったよりサッパリ。土臭くて苦味もあるが、ほんのり甘くて、けっこう美味いじゃん！　いったい、何だこれ？

　それは、葛の根の搾り汁であった。葛は韓国語で**チク**(칡)という。この葛ジュースは**チクチュプ**(칡즙)。**チュプ**は汁という意味だ。胃腸によく、疲労回復、二日酔いに効くといわれている。

　屋台で売っている場合が多く、市場などでたまに見かけると必ず飲むことにしている。私は幼少のころ葛湯が大好きだったので、この味に懐かしさを感じたのかもしれない。

　健康食品コーナーに行けば、ペットボトルやレトルトパックなどでも販売されていて、けっこう愛飲されているようだ。しかし、どうせ飲むなら、生汁をお薦めしたい。

　葛は健康によいとされる食べ物のひとつで、冷麺に葛を練り込んだ**チンネンミョン**(칡냉면)(葛冷麺)はよく見かけるメニューだ。葛だから麺は真っ黒だけど、苦味はなし。つるつると美味い。最近では、葛だけでなく、桑の葉や緑茶などを練り込んだ冷麺もお目見えしている。

5 ベジタリアンのために
野菜いろいろ

焼肉屋でも野菜がたくさん食べられる

韓国人は実にたくさんの野菜を食べる。WHO（世界保健機関）が推奨する一日の野菜摂取量をクリアしている先進国は韓国だけだといわれている。

焼肉屋でも、刺身屋でも、山のようにサンチュやエゴマの葉が出てくる。これまで述べてきたように、これらに包んで肉や刺身を食べるのが基本スタイルだからだ。しかも、これらの葉っぱは、すべて無料。足りなくなったら、おかわり自由。肉食系の人と連れ立っていけば、ベジタリアンはただで飯が食えるってことだ。

たとえば焼肉屋に4人で行ったとしよう。肉は3人前だけ注文（これが可能だというのがうれしい）。付け合わせに出てくるキムチやナムルの小皿（パンチャン）や包むための葉っぱが、テーブルいっぱいに並ぶ。ベジタリアンは、それらをおかずに**コンギッパプ**（ご飯）を食べればOKだ。割り勘のときに、ご飯代だけですむぞー（まぁ、そうはいかないけどね）。

韓国にも精進料理がある。そういうお店に行けば、日本と同じように完全野菜料理が食べられる。テンプル・ステイを実施している大きなお寺も多い。お寺で食事となれば、もちろん野菜だけの料理が出てくる。

精進料理店なら、どんなビーガン（絶対菜食主義者）も「Excellent!」と言ってくれること間違いなし。ただし、少々値が張るのが難点である。ランチタイムに行けばいいかも。基本的にコース料理で、予約制の店も多いので、注意が必要。

サムバプ屋とバイキングもお薦め

とはいっても、毎回そんな高級店に行ってはいられない。その場合は、

麦飯定食屋やスンドゥブ屋、それから**サムバプ**(쌈밥)屋に行けばよい。

　サムバプは包みご飯という意味で、葉っぱにいろんなパンチャンとご飯を包んで食べる、これまたヘルシーな料理である。野菜につける味噌は**サムジャン**(쌈장)という。テンジャンにごま油やニンニクを混ぜている。肉もメニューにあるので、ベジタリアン以外は肉も包んで食べればよい。

　サムバプ屋の多くは、包む葉っぱを豊富にそろえている。**サンチュ、ケンニプ**(エゴマの葉)、**チャムチュイ**(シラヤマギク)、**コムチュイ**(オタカラコウ)、**ホバンニプ**(かぼちゃの葉)、**ペチュ**(白菜)、**ヤンペチュ**(キャベツ)、**スッカッ**(春菊)、**コンニプ**(大豆の葉)、**チョンギョンチェ**(チンゲン菜)、**チコリ、ケール、ヨンニプ**(ハスの葉)、**モウィイプ**(フキの葉)、**コグマイプ**(サツマイモの葉)などなど。

　いやはや、葉っぱならなんでも食べるのかといった勢いだ。ものによっては煮たり蒸したりしてある。昆布やワカメなどの海草が出てくる店も。

　サンチュは食べると眠くなる成分が入っていて、不眠症に効くらしい。エゴマの葉の鉄分の含有率はなんとレバー並み、そのうえ殺菌作用もある。春菊は血中コレステロールを下げる効果があり、胃を温めて腸を丈夫にするとか。白菜は食物繊維が多いので、腸が活性化する。キャベツはビタミンA、B1、B2、C、K、E、Uなどの宝庫で、胃潰瘍に効く。とまぁ、とにかくサムバプ屋へ行けば"モメチョッタ"であるのは確かだ。

　しかし、これだけたくさんの野菜がそろっているのにもかかわらず、サムバプ屋にレタスはないんだよねぇ。レタスは外国のもので、韓国料理には合わないって思われているんだとか。

　私が最近重宝しているのはバイキングだ。韓国では**ピュイッペ**(ビュッフェ)と呼ばれている。バイキングでは通じない。一定のお金を払えば、あとは食べ放題。ベジタリアンは野菜だけ食べればいいし、一般ピープルはその他いろいろな料理を楽しめばいい。ちゃんとレタスもあるしね。

ただし、完全ビーガンの方は、野菜料理とはいっても注意が必要である。とくに、だし。韓国のだしの最高峰は、なんといっても牛肉である。具が野菜だけでも、スープのだしに肉が使われている場合は多い。煮干しの場合もある。キムチも漬け込むときに、セウジョ（アミの塩辛）などと一緒に漬ける場合がほとんどだ。

　だから、韓国在住の外国人ベジタリアンの多くが、いつの間にか魚は食べるようになっている。なかには、完全にベジタリアンを止めてしまった友人もいる。まぁ、それだけ美味しいってことなんだけど……。菜食主義を貫くにはなかなか大変な国であることは間違いない。

かぼちゃの謎

　韓国ではきわめて一般的だが、日本ではほとんど見慣れない野菜**ホバク**。日本では、韓国かぼちゃとか朝鮮かぼちゃと呼ばれている。ところが、よく単にかぼちゃと訳されるため、非常に混乱する。日本でいうかぼちゃは、韓国には**タノバク**（甘いホバク）という違う名前があるからだ。

　さらに、ふだん食用とするホバクは未成熟なもので**エホバク**（幼いホバク）、完熟すると**ヌルグンホバク**（年老いたホバク）と呼ばれる。実はほとんどのエホバクは、それ以上成熟しないように改良された種から育てられている。

　ここでズッキーニの登場だ。ホバク（エホバク）は、ズッキーニと非常によく似ている。それで、"ホバク＝ズッキーニ"と考える人もいる。でも、ふたつを並べて比べてみたら、すぐわかる。

　私は以前、知人の奥さんとかぼちゃをめぐって大げんかになったことがある。彼女は10代のころにドイツに行き、20年ぶりにドイツ人の旦那さんを連れて戻ってきた。彼女の家で夕食をご馳走になったとき、ホバクの話題が出たのだ。

「日本のホバク(かぼちゃ)と韓国のホバクは全然違うよねぇ〜」などと最初はよかったが、私が「ホバクはズッキーニとも違うし」と言ったとたん、「何言ってんの。ズッキーニとホバクは同じものよ」とすごい剣幕。ドイツに住んでいる間、市場でホバクを買うときいつも「ズッキーニ」と言っていたというのだ。「それはホバクじゃないよ」と言ったら、「韓国人のあたしが間違えるわけないじゃない」と。

「でも、日本のスーパーじゃ、ふたつは分けて売っているんだけど」

「それは日本が間違ってるのよ！　ホバクはズッキーニのことよ！」

当時は韓国の市場にまだズッキーニは入ってきていなかったので、現物を比較することはできず、彼女とは結局そのままで、いまにいたっている。最近は輸入されるようになり、「ズッキーニホバク」と称され、スーパーでも買えるのだが……。

ゼリー状のどんぐり

トトリムク(도토리묵))))))という食べ物がある。プニュプニュッとした茶褐色の葛餅状で、味はほとんどない。かすかな渋味と清涼感。醤油ダレをかけて食べる。マッコルリに合う、なかなかの一品。これ、実はどんぐりである。**トトリ**はどんぐり、**ムク**(묵)はでんぷんの凝固作用でゼリー状に固めた食品のこと。

知人の日本人女性ははじめてトトリムクに遭遇したとき、こう言った。

「ええ〜、どんぐり食べんの。そこまで人間おちぶれちゃいないわよ」

たしかに、トトリムクは飢饉のときや食糧難の飢えをしのぐ救荒食物であり、貧しい人たちを救う食べ物であった。だから、貧困を象徴するイメージが定着したのは致し方ないだろう。だが、その後、モメチョッタブームによって見直され、いまでは食堂のつきだしや飲み屋の定番メニューとして広く愛食されている。

よく干したどんぐりの皮を剥いで粉状に粉砕し、何日間も水にさらしてでんぷんを沈殿させる。その間こまめに水を取り替えながらアク抜きをし、沈殿物を乾燥させて再び粉末に戻す。それから、ペースト状になるまで煮詰め、型に入れて固める。なかなか手間のかかる作業である。

　現在は、水で溶いて煮ればすぐに出来上がるどんぐり粉や、トトリムクそのものが、スーパーでたくさん売られている。緑豆から作った白い**チョンポムク**、そば粉で作った灰色の**メミルムク**なども一緒に並んでいる。

　韓国の山道では、「どんぐりは山の動物の大事な餌。拾うべからず」という立て看板を目にすることが多い。いまでも拾っている方々がおられるのですなぁ〜。松ぼっくりや銀杏もよく拾われているけど……。

　なお、高知県安芸市に、かしきり（または樫豆腐）と呼ばれる、トトリムクとまったく同じ特産物がある。これは、豊臣秀吉時代に朝鮮半島から連れてこられた人が伝えたといわれている。

生の栗とさつまいもが美味い

　韓国の食事で驚いたことのひとつは、栗やさつまいもを生で食べること。有名な**全州（チョンジュ）ピビムパプ**の具に剥いた生栗がのっていた。焼肉屋では、さつまいもが生で出てきた。

　焼き栗も焼きいももちゃんとあるのだが、栗やさつまいもが生で食べられることに、心底驚いた。しかも美味い。ほどよい硬さの噛み心地に、ほんのりと甘味があって。

　日本ではどちらも渋すぎて、生では食べられないだろう。土壌の違いなのか、気候の違いなのか。全般的に韓国の野菜は、日本の野菜に比べて水気が少なく、アクが弱い。同じ種類でもかなりの差がある。白菜や大根などはパサパサだ。だから、キムチがよく漬かるのだけど。

6 食卓に欠かせない キムチ

本来のキムチは発酵食品

　日本の漬物消費量の第1位は、断トツで**キムチ**である。キムチ鍋も人気だ。キムチという食べ物は、日本の食文化にそれだけ溶け込んでいる。

　日本では昔、キムチを朝鮮漬けと呼んでいた。ニンニク風味の効いた浅漬けで、「キムチの素」なるタレに白菜などを軽くもみ漬けしたものだ。甘くて、酸っぱくて、ちょっと刺激臭のする漬物。それが、1970年代以降に焼肉屋が一般化し、80年代の激辛ブームなどの流れにのって、キムチという名称とともに大衆化していったのだ。

　ただし、日本のキムチと韓国のキムチには、大きな相違点がある。

　韓国の伝統食品であるキムチは乳酸発酵食品なのだ。塩、唐辛子、ニンニク、生姜、アミの塩辛、梨などで作った**ヤンニョム**（薬念）と一緒に、白菜などの野菜を1週間以上低温で漬け込んで発酵させている。発酵によって多種多様のアミノ酸が生まれ、乳酸菌も豊富。栄養価は飛躍的に高まり、味は複雑で奥深く、独特の香りで、食欲増進効果バッチリ。

　一方、日本のキムチは簡易キムチである。人工的に作られたキムチの素（化学調味料、砂糖、各種エキス、各種アミノ酸など）に、切った野菜を浸すだけ。1日で、ハイ出来上がり。発酵する暇もない。いわばインスタントキムチ、いやそれどころかインチキキムチといわれても仕方ないかもしれない。

　この問題については2001年に国際食品規格委員会（コーデックス委員会）が検討の結果、ほぼ韓国の主張がとおり、キムチは発酵漬物と定義された（このときアルファベット表記も「kimchi」と統一された）。しかし、日本のキムチがこの規格に沿っているかというと、疑問が残る。

韓流ブームのいま、本格キムチがいくらでも食べられるし、輸入もされている。ところが、日本に輸入されている韓国産の多くが、容器に窒素を充填させ、発酵しないように作られているのだ。一度でも本物のキムチを食べたら、日本のインスタントキムチなんて話にならないのに、なぜ……。

　実は、同じことが**コチュジャン**にもいえる。日本のコチュジャンは、水飴でのばした唐辛子粉を味噌に加えたペースト状のタレである。韓国の本場のコチュジャンは、もち米麹などをもとに、唐辛子粉、塩、醤油などを加えて熟成発酵させた味噌である。

基本は 3 種類

　韓国人の食卓にキムチは欠かせない。そして、海外旅行に持っていく韓国人の多いこと。これ、お土産だけじゃなくて、自分用。いまは国際線では預けなければならないが、以前は機内持ち込み可だったので、大韓航空やアシアナ航空は飛行機の中まで臭いが充満していたもんなぁ〜。

　キムチの種類は 200 種類以上あるが、基本は 3 種類だ。まず、皆さんが頭に思い浮かべる**ペチュキムチ**(배추김치)〔♪♪♪〕(白菜キムチ)。次に、大根のキムチ**カクトゥギ**(깍두기)〔♪♪♪〕(日本ではカクテギ)。そして、汁がスープのようになっている**ムルキムチ**(물김치)〔♪♪♪♪〕(水キムチ)。

　あとは、漬ける野菜の数だけ増えていく。ねぎのキムチは**パキムチ**〔♪♪♪♪〕、麗水(ヨス)の特産品からし菜のキムチは**カッキムチ**〔♪♪♪〕、きゅうりのキムチは**オイキムチ**〔♪♪♪〕、きゅうりの間に具を挟んだキムチは**オイソバギ**〔♪♪♪♪〕、ニラのキムチは**プチュキムチ**〔♪♪♪〕、韓国特有の小ぶり大根で作るカクトゥギは**チョンガクキムチ**(총각김치)〔♪♪♪〕、辛くない白菜のキムチは**ペッキムチ**〔♪♪♪♪〕、大根の水キムチは**トンチミ**(동치미)〔♪♪♪♪〕、大根の葉で作る水キムチは**ヨルムキムチ**(열무김치)〔♪♪♪♪〕、そしてキムチの王様**ポッサムキムチ**(보쌈김치)〔♪♪♪♪〕。

ポッサムキムチは、牡蠣、エビ、イカ、タコといった海産物と、大根、からし菜、セリ、ワケギ、人参、生栗、銀杏などの野菜・木の実類を白菜で包んだもの。こりゃ豪華。**ポッサム**は「包む」という意味だ。
　また、漬けたばかりのほとんど発酵していないペチュキムチを**コッチョリ**(겉절이)、古漬けを**ムグンジ**(묵은지)という。コッチョリは、冬の直前にキムチを一斉に漬けるとき(キムジャン)に、漬けながらよく食べる。シャキシャキして美味い。ムグンジは酸味がすごく強いので、**キムチチゲ**(김치찌개)などの料理に使われる。この超酸っぱいムグンジを食べるのが好きな人もいる。

心の故郷キムチチゲ

　キムチチゲはテンジャンチゲと並ぶ、韓国人の心の故郷のような食べ物だ。安いし、家庭でも手軽に作ることができる。キムチチゲといえば、普通はキムチと豚肉だ。豚肉の代わりに、缶詰のツナフレークを使った**チャムチキムチチゲ**もよく作られる。私はサンマの水煮の缶詰を使用した**コンチキムチチゲ**が好きだ。外で食べると、トッピングでインスタントラーメンを入れてくれる食堂もある。
　SBSテレビの人気番組『スターキング』の"料理キング"を決める大会では、第1回のお題料理がキムチチゲ。ホント創作キムチチゲの嵐で、キムチチゲという概念からはずれるんじゃないかという料理まで飛び出したが、優勝したのはやはり伝統的な一品であった。
　私事だが、私も出演したのである。作ったのは**マッコルリキムチチゲ**。豚肉を最初にマッコルリで煮るのだ。この番組のためにプロデューサーと一緒に考案したのだが、結果はうまくいき、人気は上々。でも、作っている最中に思ったんだけど、豚肉のマッコルリ煮だけで十分だわ。わざわざキムチチゲにしなくても、それだけでメチャ美味よ。

第5食
麺〜大好き！

　最初に、中華麺の裏話、チャイナタウンに関する話を。

　チャイナタウンは世界中どこにでもあるという。韓国ではソウル近郊の仁川(インチョン)が有名だ。しかし、韓国のチャイナタウンは、一度絶滅している。

　19世紀の終わりに、港町の仁川に中華街が形成された。ところが、華僑パワーに恐れをなした韓国政府は1961年に外国人土地法を制定し、外国人の土地取得を禁止してしまう(当時、在韓外国人の9割強が華僑)。後に若干改正されたが、それでも住宅用に200坪、個人営業用に50坪しか許可されなかった。そのため、大型店舗での営業は不可能。商売が厳しくなった多くの中国人が、台湾やアメリカ、オーストラリアなどへ移り住んでいった。

　そこで、韓国に残った華僑たちが小さな店でもできる術として生み出したのが、出前である。韓国の出前文化は、中華料理屋から始まったのだ。その出前の超人気メニューが、本食中に登場するチャジャンミョン(韓国式炸醤麺)だ。最近では中国にも逆輸入され、人気上昇中というニュースを見たことがある。中国には出前という文化がないので、功を奏したのだろう。

　韓国の出前文化は本当にすごい。公園や渓谷といった野外でも注文できる。噴水脇のベンチとか、山道を入ってすぐ下の川岸とかへも、ちゃんと料理を運んできてくれる。いとも簡単に野外で中華パーティを始められるってわけだ。

　1998年に外国人土地法は改正され、土地と住宅に対する制限が撤廃された。現在は大型の中華料理屋も数多く出現し、出前をしない店もある。こうした経緯を経て、仁川のチャイナタウンも復活したのであった。

　私は麺が大好き。それでは、韓国のめくるめく麺ワールドへ、いざ。

1 冷麺の歴史を紐解く

麺もスープも違う

　韓国料理で麺といえば、冷麺。韓国語ではネンミョン(냉면)と発音する。日本でも、焼肉屋のメニューとして一般に浸透しているといえよう。ただし、関西では冷やし中華を冷麺と呼んだりもするので、多少ややこしい。

　日本で食べる冷麺は、醤油味のあっさりスープにちょこっと唐辛子ペーストが入り、シコシコの小麦色の半透明な太麺に、ゆで卵やリンゴ、ときにはチェリーやスイカがのっている。いかにも夏向きの涼しげな食べ物である。焼肉の〆に、さっぱりとして美味しい、人気のメニューだ。

　ところが、この冷麺。実は日本生まれであり、韓国には存在しない。もし韓国人が日本の焼肉屋で冷麺を食べたら、「えっ、これが冷麺？」と首をかしげるにちがいない。

　日本の冷麺は、別名「盛岡冷麺」といわれる。盛岡の在日1世が、自分の故郷である咸興(ハムン)(北朝鮮)で食べた冷麺を再現しようとして作ったのが最初であった。1950年代のことだ。当初はまったく振るわなかったが、1970年代から徐々に人気が出て、他店も真似し始め、80年代以降は全国的に広まった。その間に試行錯誤が繰り返され、現在の盛岡冷麺になったのだ。

　韓国の冷麺との決定的な違いは麺。盛岡冷麺は、基本的にジャガイモのでんぷんでできている。かなり太く、シコシコ＆ツルツルとした食感で、コシが強い。

　韓国冷麺は、そば粉がメインで、つなぎにでんぷんなどを使った、かなりの細麺である。コシ云々というよりは、よ〜く伸びて、それこそゴムのようで、嚙み切るのが難儀。そこで、ハサミの登場だ。まず、スープに浮

かんでいる麺の塊をハサミで4等分ぐらいに切り分けてから、かき混ぜる。麺のコシが強靭な理由は、穴の開いた筒状の箱から、すさまじい圧力をかけて押し出すことによる。その工程が機械化されてから、麺はどんどん細くなったという。

　北朝鮮では、冷麺を切り分けない。一気に口の中に放り込んで、噛まずに飲み込むのが正式な食べ方だとか。麺の塊が喉を通るときの喉ごしを味わうというのは理解できなくもないが、いくらなんでも一口とは。それで窒息死する人もいるんじゃなかろうか。冷麺食べるのも命がけってか（脱北者の知人によると、喉に詰まらせて亡くなった人がいたという）。

　盛岡冷麺の麺は、韓国で間食としてよく食べられる**チョルミョン**(쫄면)という料理に使用される麺とよく似ている。チョルミョンは、キャベツ、人参、豆もやしなどの野菜と一緒に硬めの麺をかき混ぜて食べる。ちょい甘の酸っぱ辛い味が若者に人気の一品だ。シコシコ＆ツルツル麺である。私も好物なので、よく若者に混じって食べておりますが、オホン。

　盛岡冷麺に韓国人がはじめて遭遇したときは、冷麺にチョルミョンの麺が入っている！と驚くだろう。たとえていうなら、ラーメンのスープにスパゲティの麺が使われていた、みたいな感じだろうか。

　そういえば、スーパーなどで家庭用の生冷麺を売っていて、ある商品には「茹で時間が15秒」と書いてあった。たしかに、こういった家庭用の冷麺は、ちょっと茹ですぎるとすぐにフニャフニャになってしまうけれど、いくらなんでも15秒っていうのは……。先日試しに15秒で作ってみたら、麺がほぐれるだけで、無茶苦茶硬くてまいったわ。博多ラーメンのハリガネじゃないんだから、もう。

　盛岡冷麺と韓国冷麺は、スープも違う。どちらも牛肉だしのスープには変わりないが、盛岡冷麺はキムチ入りの辛めの醤油味で、韓国冷麺のスープは牛肉だしと**トンチミ**(大根の水キムチ)の汁を合わせた、まったく辛く

ない味。さらに、日本ではリンゴが添えられることが多いけれど、韓国では絶対に梨である。冷麺にスイカが入っているなんて言語道断だ。

スープありとスープなし

韓国の冷麺には大きく分けて2種類ある。スープのある**ムルレンミョン**(물냉면)))))と、スープなしの**ピビムネンミョン**(비빔냉면)))))だ。ムルレンミョンは、訳せば水冷麺。ピビムは「混ぜる」という意味で、真っ赤な激辛ダレをかけて混ぜ合わせて食べる。エイの刺身入りのピビムネンミョンは**フェネンミョン**(회냉면)))))と呼ぶ。冷麺屋に行けば、だいたいこの3種類がそろっている。

冷麺は北朝鮮生まれで、咸興=ピビムネンミョン、平壌(ピョンヤン)=ムルレンミョンとされている。でも、実際は咸興にもムルレンミョンがあったからこそ盛岡冷麺が誕生したわけで、そう厳密ではないのだろう。咸興のある咸鏡(ハム ギョンド)道ではジャガイモがよく穫れたので、麺は白っぽくでんぷんの多いコシの強い麺になり、平壌のある平安道(ピョンアンド)はそばの産地なので、そば粉の多い黒っぽい麺になったという。

韓国に冷麺屋が数多く誕生したのは、朝鮮戦争の停戦後。南に避難した北朝鮮出身者たちによって本格的に普及したという。

余談だが、ある韓国人のテレビカメラマンに尋ねたことがある。

「世界中のいろいろなものを食べたと思うけど、一番美味しかったものは何？」

その答えは「平壌で食べた冷麺」だった。

化学調味料工場のない北朝鮮では、材料のすべてが自然なもの。目を見張るような美味しさだったという。ちなみに、味の素は、韓国では**ミウォン**(味源)、北朝鮮では**マンネギ**(直訳すれば、味出し)という。

平壌冷麺の人気店

　韓国でも日本と同じように焼肉の〆に冷麺を食べることが多いので、メニューに冷麺のある焼肉屋が多い。もちろん、冷麺専門店も数多く存在する。だけど、その看板がみな**ハムンネンミョンかピョンヤンネンミョン**って。もしかしたら本当の屋号があるのかもしれないけど、そこまで皆さん同じ名前にしなくても。まっ、美味しければいいんだけど。

　数ある冷麺屋のなかで私のお薦めは、地下鉄6号線大興駅(テフン)と孔徳駅(コンドク)のちょうど中間あたりにある乙密台(ウルミルテ)。創業1971年の、平壌冷麺の人気店だ。最近、江南(カンナム)店もオープンした。

　平壌冷麺がメインなので、もちろんムルレンミョンを注文。濃厚な牛骨スープが半分凍った状態で出てくる。そこにコシのある太めのそば麺。麺もスープも自家製。シャリシャリにシコシコ、美味～い。

　スープは濃厚なほうが美味い。だが、だしを濃くすると、どうしても匂いが気になる。それを解消したのが、スープを凍らせたまま使うという方法ではなかろうか。1杯目は軽くたいらげて、すぐさま麺を追加。冷麺屋は、博多ラーメンの替え玉のように、麺のおかわりができるのだ。麺の玉のことを韓国語でサリという。

　「**サリ　ハナ　チュセヨ～**(麺ひとつくださ～い)」

　メニューにはピビムネンミョンもあるが、ムルレンミョンがお薦めだ。

2 韓国独自の麺 ククス

麺とスープを一緒に煮込んだとろり味

　韓国独自の麺に**カルグクス**(칼국수)〔〕〕〕〕がある。**カル**は包丁で、**ククス**は麺を指す。だから、カルグクスは包丁で切った麺ということになる。さらに手を意味する**ソン**を頭に付けて**ソンカルグクス**(손칼국수)といえば、手打ち麺だ。もちろん昔はみんな手で打っていたのだろうけど、いまでは機械で作られた麺がほとんど。

　カルグクスは日本のうどんに似ているが、韓国には**ウドン**(우동)〔〕〕〕〕も存在する。なので、ここではカルグクスを韓国式うどんとは訳さず、韓国独自の麺ととらえたい。ちなみに、ウドンはうどんそっくりで、汁は関西風薄味が主流。醤油味のしょっぱいスープは見かけない。

　カルグクスの特徴は、麺をスープと一緒に煮込むこと。しかも、麺の粉も落とさずにそのまま投入する。だから、必然的にスープはとろとろした感じになる。

　もっとも一般的なのは**サゴルカルグクス**〔〕〕〕〕で、牛の脚(牛ゲンコツ)のだしの、マイルドな味の白いスープだ。単にカルグクスと呼ばれる場合が多い。ホバク(韓国かぼちゃ)や人参、ねぎ、錦糸卵、海苔などが彩りを添える。そぼろがのっていたり、店によってバリエーションもある。お好みで、みじん切りにした辛い青唐辛子を入れたり、薬味醤油ダレを少し垂らして食べる。とろりとしたスープが麺とからみ、熱々でたまらない一品。

　2人前以上注文すると、全員分まとめて、洗面器のようなものすごく大きな器に、ど〜んと盛られて出てくることが多い。手前の小皿にそれぞれが取り分けて食べる。これは非常に韓国的なスタイルといえよう。

　スープの違いによって、アサリだしの**パジラクカルグクス**〔〕〕〕〕、鶏肉

を使った**タッカルグクス**(ハングル)、とろとろのエゴマの粉のスープ**トゥルケカルグクス**(ハングル)、甘くないお汁粉うどん**パッカルグクス**(ハングル)などがある。

また、麺にいろいろ練り込んだウェルビン・スタイルもあって、緑茶入りの**ノクチャカルグクス**(ハングル)、桑の葉入りの**ポンニプカルグクス**(ハングル)、どんぐり粉の**トトリカルグクス**(ハングル)など、種類は豊富だ。

ソウルの昌徳宮(チャンドックン)の裏手にひっそりとたたずむ人気店**秘苑(ピウォン)ソンカルグクス**のカルグクスは絶品。麺の上にそぼろが申し訳程度にのっているだけの、いたってシンプルな見た目だが、一口スープをすすったとたん、舌全体にからみつくまろやかな旨味。これ、小麦粉の味やん。麺とスープが一体化したような、まさにカルグクスならではの醍醐味。一緒に出てくるニラキムチとの相性もバッチリで、ふたつの味が複合されると、まるで桃源郷にでも誘われたかのような幽玄な味になる。韓牛の**スユク**(茹で肉)をつまみ、伝統酒を一杯ひっかけてから食べてもよし。

宴会や夏に、そうめん

細麺のククスもある。**素麺**(ソミョン(소면))といい、日本のそうめんと同じだ。単に**ククス**(국수)と呼ばれることが多い。温かいククスでは、カタクチイワシのだしのスープ**ミョルチグクス**(멸치국수)(ハングル)が一般的だ。

ミョルチグクスは別名**チャンチグクス**とも呼ばれる。訳せば宴会ククスだ。この国でも、麺は長寿の象徴である。ククスは、結婚式や誕生日、還暦のお祝いなどに食べる料理でもあるのだ。とくに披露宴では定番で、親から「お前、いつになったらククスを食べさせてくれるんだ?」なんて言われたら、これは「早く結婚しろ」という意味。おっと、美味しいククスも苦い味になってしまう読者もおられるかな……。

日本でそうめんといったら夏だろう。韓国でも夏によく食す**ヨルムグクス**(ハングル)がある。これは**ヨルムキムチ**(大根の葉の水キムチ)のククス。酸味

の効いた、ちょい辛の冷たくてさっぱりしたスープに、シャキシャキとした歯ごたえ。そうめんは歯ごたえないから、これはいい組み合わせかも。

そして、汁なしの辛い麺ピビムグクス〔))))〕。ピビムネンミョンのそうめん版。酸っぱくて辛い真っ赤な麺料理で、どの店で食べても辛い。

韓国のざるそばは不味い

小麦粉だけでなく、そば粉で作ったククスもある。メミルグクス〔))))〕（そばククス）という。早い話が、これは日本のそばである。ざるそばのようにして食べることが多い。

いままで、なんでもかんでも「美味い、美味い」と書いてきたが、これは別だ。韓国のざるそばは、はっきりいって不味い！　お薦めしません。一番の問題は、そばつゆ。甘すぎだっちゅーの。そのほか、つゆに大根おろしを多量に入れる。わさびじゃなくて辛子が付いてくる。盛った麺の上に氷がのっている。つゆにクラッシュアイスが入っていたことも。麺、煮えすぎ。のびているにもかかわらず、ゴムのような食感。麺の水切りがまったくなされていない。エトセトラ、エトセトラ。

ときどき接待で連れて行かれるのよ、日本式そば屋に。私が日本人だからなんだけれども。そういうときは無理に笑顔をつくって食べる、接待されている側ですからね。だけど、ほんまきっつー、地獄やわ～。

我が家で日本から買ってきたそばを作って食べたときの話。うちの嫁はんのお母さん、麺つゆにこれでもかって砂糖入れてたもんなぁ～。いやはや、ところ違えばなんとかと申しますが……。

実はソウルにも、完全日本式のそば屋が存在していたことがある。私もたまに食べに行っていた。主人による手打ち麺で、それこそ本格的であった。しかし、そばが売りなのにもかかわらず、お客さんの9割以上がうどん定食を注文。たまにそばを頼んでも、日本から取り寄せた本わさびに

は目もくれず、「すみません、辛子ありますか？」。ある日、忽然と店はなくなっていた。

まだまだ麺はいろいろ

　そば粉を使ったククスにもうひとつ、春川(チュンチョン)名物の**マッククス**(막국수)**))))**がある。押し出し麺なので独特のコシがあるが、冷麺よりそば粉の含有率が高いので、日本のそばに近い食感だ。器にキムチ味の牛肉スープが少し張られ、その真ん中に丸くまとめられた麺がちょこんと鎮座している。上からは、真っ赤なヤンニョム（薬味唐辛子味噌）がどろり。あとは、ゆで卵と、薄切りの大根キムチやきゅうり、サンチュ、豆もやしなどの生野菜、そして多量のごま。これらをかき混ぜて、ハイ、いただきます。

　なんとも複雑怪奇な味だが、そばの味もちゃんとする。麺にコシがあるのもうれしい。これは汁なしスタイルだが、スープが器いっぱいに張られた、汁ありバージョンもあり。

　さらに、大勢でワイワイ食べようという場合は**チェンバングクス**(쟁반국수)**))))**がある。**チェンバン**はお盆という意味。大きな平たい皿の上に、マッククスと、サンチュ、きゅうり、キャベツ、人参、ねぎ、エゴマの葉、梨などがサラダのように盛り合わされ、甘酸っぱいソースがかかっている。これをかき混ぜまくってから、みんなでつっついて食べる。なんとも豪快で、楽しい食べ物である。宴会も盛り上がるってもんだ。

　小麦粉を使った麺の元祖とでもいうべきが**スジェビ**(수제비)**))))〜))))**である。日本でいえば、すいとんにあたる。小麦粉をこねてねかした後、適当な大きさにちぎって、スープで茹でる。鍋に放り込めばすぐ出来上がる乾燥インスタント・スジェビもあるが、手作りのほうが断然美味い。メニューにスジェビもあるカルグクス屋が多い。麺とスジェビの半々という注文が可能な店もある。もちろん専門店も多い。

3 国民食となった韓国式中華麺

国民的人気メニュー・チャジョンミョン

　麺といえば中華料理だろう。というわけで、ここで韓国式中華料理にふれねばならない。日本のラーメンは、すでに中国の麺料理から遠く離れて、あたかも日本人の国民食の如く独自の進化をとげた。それとまったく同じ状況が韓国にも起きている。韓国を代表する中華料理の話だ。

　韓国人にとっての国民的人気メニューは何かと訊かれたら、私は迷うことなく**チャジャンミョン**(짜장면)」」」と答えるだろう。**韓国式炸醤麺**(ジャージャー麺)のことである。チャジャンミョンは韓国にしかない中華料理だ。お皿に盛った麺の上に真っ黒な味噌ダレがかかっている。イカ墨スパゲッティをさらに黒光りさせたような感じだろうか。

　これをかき混ぜて、かき混ぜて、かき混ぜて、食べる。チャジャンミョンをかき混ぜているときの韓国人の幸せそうな顔といったら……。食べている時間より、かき混ぜている時間のほうが長いのでは？なんて思ってしまうほどである。かき混ぜ方もダイナミック。両手に箸を1本ずつ持って麺の両端から差し込み、麺全体を持ち上げるようにするのだ。

　チャジャンミョンは、韓国人に本当によく食べられている。週に何回も食べる人がたくさんいて、毎日7人に1人の割合で食べられているのだとか。

3つのランクと、炒めやチャーハンにも

　一番安い基本のチャジャンミョンは、片栗粉でとろみをつけたカラメル入りの黒味噌チャジャンが麺の上に直接かかった状態で出てくる。独特な香ばしさの甘い味。

ひとつランク上の**カンチャジャン**(간짜장)〖〗〗〗は、片栗粉は用いず、注文を受けてから玉ねぎなどをたくさん使って作る。こちらは、麺とチャジャンが別々に運ばれてくる。個人的にはこれが、あまりしつこくなくてお薦めだ。チャジャンを麺の上にどばっとかけて召し上がれ。おっとその前に、嫌というほどかき混ぜることを忘れずに。

　カンチャジャンに、エビ、イカ、乾燥ナマコなどの海産物をふんだんに入れた**サムソン**(三鮮)**チャジャン**(삼선짜장)〖〗〗〗という高級メニューもある。エビ、イカ、ナマコがサムソンである。

　大皿に盛られた**チェンバン**(お盆)**チャジャン**(쟁반짜장)〖〗〗〗もある。みんなでつっつくのにちょうどいい。これは調理法がちょっと違う。炒めチャジャンミョンなのだ。香ばしさ倍増。人気の一品である。

　このチャジャンは、中華料理店でチャーハン(韓国語でポックムパプ(볶음밥)〖〗〗〗)を注文すると、焼き飯の上に必ずかかって出てくる。それって、もはやチャーハンとは違う料理じゃないかと思ってしまうのだが。たぶんどこかの店がサービスで始めたのが最初で、それが定着したものと思われる。「チャジャンがかかってるほうが美味いじゃん」と、チャジャンミョンを愛してやまない韓国人の琴線にふれたにちがいない。

　私は最初、このチャジャンミョンがあまり好きではなかった。出前ではじめて食べたとき、とにかく油っぽくて、妙に甘ったるく、しかも見た目がぜんぜん美味しそうに見えなかった！

　ところが、ソウルの麻浦(マポ)区にある富永閣(プヨンガク)という中華料理屋でカンチャジャンを食したら、これが本当のチャジャンの味なのかと感動。それ以後、普通のチャジャンミョンも食べられるようになった。というか、それまで不味いと感じていたものが食べられるようになっただけなのだが……。

　以後、この店にいろんな友人・知人を連れて行ったが、あるとき、後輩の韓国人ミュージシャンに、こう言われた。

「たしかに美味しいんですけど、少し淡白ですね。僕はもうちょっと油っぽいほうが好きです」

なるほど、若者の口には出前のチャジャンミョンのほうが合うということか。油っぽいことにも理由があったわけだ。

発祥の地は仁川

チャジャンミョンの発祥の地として有名なのが仁川(インチョン)である。国際空港がある(実際は市内からはるかに離れている)が、元来は港町として栄えていた。横浜の中華街がそうであったように、1883年の開港以降、多くの中国人が渡ってきて、中華街が形成されていく。そして1905年、中華料理店共和春(コンファチュン)がメニューに加えたのが始まりだという。当時は中華料理の炸醤麺だったが、1945年の解放以降、カラメルを加えた中華味噌となり、現在のような形になったそうだ。

もっとチャジャンミョンの歴史を詳しく知りたい方は、仁川のチャイナタウン内にある旧・共和春の建物を改造したチャジャンミョン博物館(2012年オープン)へどうぞ。

このチャジャンミョン、韓国全土で共通かと思ったら、やはり地方バージョンがあった。釜山のカンチャジャンには目玉焼きがのっかっているのだ。ソウルでカンチャジャンを出前で頼んだ釜山の人が、目玉焼きがのっていなかったと、電話でお店に文句を言ったという話も。

ところで、2月14日はバレンタイン・デー、3月14日はホワイト・デーである。では、4月14日は? 韓国ではブラック・デーと呼ばれている。バレンタイン・デーにチョコがもらえなかった男子と、ホワイト・デーにキャンディがもらえなかった女子が、黒い服を着てチャジャンミョンを食べる日である。誰が言い出したのかわからないが、すでに若者の間では完全に定着している。それだけチャジャンミョンは身近な食べ物なのだ。

チャンポンも人気

韓国の中華料理でもうひとつの人気メニューといえば、**チャンポン**（짬뽕）🔊だ。

チャンポンという言葉は、日本でも「混ぜる」とか「fusion」とかの意味に使われることが多い。韓国でもまったく同じ意味で使用される。食べ物のチャンポンも、魚介類と野菜がたっぷり入っているところなどよく似ている。

だが、非常に大きな違いがある。もうおわかりであろう、言わずもがな、スープが真っ赤なのだ。よく韓国人が日本に来て「日本にもチャンポンがあるのですか!?」と驚いて注文し、出てきた料理を見てまたまた驚くという。それが、まったく逆の立場であてはまる。

激辛ラーメンを彷彿させる麺料理。これほど韓国っぽい料理はないかもしれない。箸を突っ込めば、激辛で熱々の海鮮スープにからまる麺が、怪しい赤味を帯びて輝いている。いや、もうたまらない。咳き込みながら、汗だくになりながら、食べる。

美味い。そして、私はおもむろにスープにお酢を入れる。すると、さっぱりとした味となり、スープを最後まで飲めるのだ！よ〜し、完食。

チャンポンにもワンランク上のメニュー**サムソンチャンポン**（삼선짬뽕）🔊がある。エビ、イカ、ナマコ入り。もちろん美味いよー。

その昔、チャンポンを食べていたら具から真珠が出てきたという噂話が、韓国中を駆け巡ったことがあった。そのときのチャンポンの売り上げは、そりゃすさまじかったらしい。でも、アコヤ貝を具にはしないって。

チャンポンは、日本から入ってきたものなのか、どうなのか。仁川で中華街が形成され始めた19世紀末から、すでに中華料理屋のメニューにあって、当時は辛くなかったという。時代を追って真っ赤に変遷していったのは、やはり韓国だからなのか。

辛くないチャンポンもある。ただし、名前が違う。それは**ウドン**(우동)と呼ばれている。中華料理屋のウドンは、日本のうどんとも韓国のウドンとも一切関係がない。チャンポンの具がのっているタンメンのような食べ物だ。この呼称も 1900 年代初頭から使われていたという。となると、当時のチャンポンとウドンは同じ食べ物だったのか。

中華料理屋には、海鮮あんかけ麺の**ウルミョン**(울면)や、細切りした鶏肉がのった麺**キスミョン**(기스면)などもある。どちらも辛くない。ウルミョンは熱々さが長持ちするので、私は出前のときに重宝している。

中華料理でも宮中料理でもあるチャプチェ

最後に、不思議な位置づけの麺料理を紹介しよう。**チャプチェ**(잡채)だ。

チャプチェは、細切りにした野菜やきのこ、牛肉などを、韓国春雨(タンミョン)と一緒にごま油で炒めた料理。一般家庭でもよく作られ、たいへん人気がある。漢字で**雑菜**と書き、タンミョンは**唐麺**だ。そもそもは 17 世紀に生まれた宮中料理で、当時は野菜やきのこ類だけを油で炒めていた。

春雨は中国原産の押し出し麺を乾燥させたもので、それゆえ唐麺と呼ばれる。タンミョンが韓国で一般化したのは 20 世紀に入ってから。朝鮮半島にはじめてタンミョン工場ができたのが 1912 年で、1930 年ごろからチャプチェにタンミョンが入るようになったという。

中華麺と宮中料理が合体して出来上がったのが、現在のチャプチェ。それゆえ、中華料理屋のメニューにもあり、宮中料理としても出される。

中国の春雨の原料は緑豆で、日本のはジャガイモだ。これに対し、韓国のタンミョンはさつまいもから作られる。太く、黒っぽく、弾力があるのが特徴だ。チャプチェをご飯にかけた**チャプチェパプ**(잡채밥)も人気メニューである。

▲ソウル光熙洞(クァンヒドン)にあるウズベキスタン料理店サマルカンド

▲ミルミョン（P231）

▲ピビムネンミョン（P182）

▲フェネンミョン（P182）

▲ムルレンミョン（P182）　▲メミルグクス（P186）　▲ホンニプカルグクス＆スジェビ（P185、P187）

▲カルグクス＆スジェビ（P185、P187）　▲延辺温麺（P239）　▲パジラルカルグクス（P184）

▲トトリカルグクス（P185）

▲中華料理屋のウドン（P192）

▲スジェビ（P187）

▲チャプチェ（P192）

▲チャンポン（P191）

▲チェンバンチャジャン（P189）

▲チャジャンミョン（P188）

▲ウルミョン（P192）

▲プデチゲ（P204）

▲ホンオチム（P228）　　　　　　　　　　▲ホンオフェ（P226）

▲サマプ（P228）　　　▲ソラ（P212）　　　▲ポンデギ（P210）

▲ホンニベ刺身（P228）　　　　　　　　　▲カジャミシッケ（P225）

▲テジクッパプ（P231）　▲トゥトゥ（P230）　▲トゥトゥ＆チャンオムク（P230）

▲黒豚オギョプサル(P232) 　▲オクトムグイ(P233)

▲馬肉ユッケ(P233) 　▲馬肉カルビチム(P233)

▲馬肉ホルモン刺し(P233) 　▲馬肉タタキ(P233) 　▲馬骨髄エキス(P233)

▲ヘムルトゥッペギ(P233) 　▲モムクク(P233)

▲火鍋（P239）

▲ヤンコチ（P237）

▲コリコリ（P238）

▲牛鞭（P238）

▲アラブ／イスラム料理（P236）

▲ベトナム料理フォー(P236)

▲モンゴル料理ホーショール(P241)  ▲ウズベキスタン料理シャシリク(P240) ▲ブラジル料理ポークステーキ(P236)

▲長崎チャンポン(P242) ▲串焼き盛り合わせ(P244)

▲オデンタン(P244)  ▲キムチ寿司(P244)  ▲おにぎり(P244)

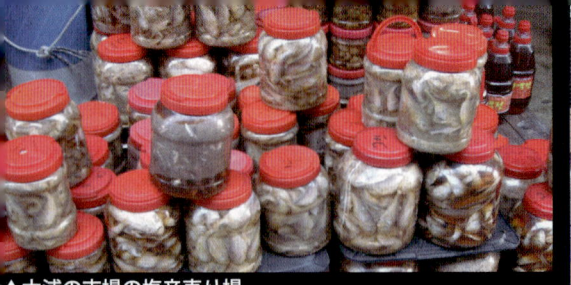

▲木浦の市場の塩辛売り場

▲トトリムクと豆腐売り場(P174)

▲高粱酒：高丽村(P238)

▲ノクトゥジョンの屋台(P33)

▲市場の野菜売り場

▲ビビムパプの屋台

▲マッコリ(P219)

▲スーパーのラーメン売り場

第6食
コリアン・ジャンクフード

　ジャンクフードの本編に入る前に、ちょっと寄り道してアイスなどいかがでしょう。韓国人はアイスが好きだ。おとなも本当によく食べる。

　夏の風物詩のかき氷。韓国語ではパッピンスという。パッは小豆、ピンスは氷水だ。かき氷なんてどこでも同じだろうと思いがちだが、日本のものとは違う。

　まず、そのサイズ。でかい。大皿に山盛りだ。そして、氷にただシロップをかけるのではない。小豆あん、フルーツ、餅、アイスクリームといった多彩な具がてんこ盛りなのだ。なによりも特徴的なのは、その食べ方。完全にグチャグチャにかき混ぜ合わせてから食べる。それも、テーブルの中心にかき氷を置いて、まわりからみんなが自分のスプーンでつついて食べるのだ。子どもや家族連れはもちろん、おとなまでが喜んでつつく姿は、あまりに微笑ましすぎる。

　コンビニなどで売っているアイス・キャンディも、よく食べる。冬でも食べるもんなぁ。私もこちらに住むようになってからは、よく食べるようになった。ただ、アイスが袋状のチューブに入っていて、それをチューチュー吸い出して食べるソレイムっていうのが人気があるのが、どうしても解せません。私はごく普通のアイス・キャンディで十分。

　そしてジュース。最近流行りの飲み物は、エナジー・ドリンクだ。オーストラリア生まれの清涼飲料水レッドブルがこちらでも話題になり、そこで生み出された韓国産エナジー・ドリンク"Hot Six"。なんてったってタウリン1000mg。それに、成分がガラナエキスに高麗人参エキス！　しかも、値段は半分以下。韓国の不朽の健康ドリンク、バッカス（韓国のリポビタンD）、ビタ500（ビタミンC500mg配合）に続く定番になるかも。

　ハイ、寄り道はここまで。それでは、コリアン・ジャンクフードの本編へどうぞ。

1 インスタント・ラーメンの国

ラーメン＝インスタント・ラーメン

　世界共通のジャンクフードといえば、やはりインスタント・ラーメンではなかろうか。

　韓国人はラーメンが大好きだ。ラーメンは韓国語で**ラミョン**。ただし、韓国でラミョンといえば、インスタント・ラーメンのことである。日本でも有名な**辛ラーメン**が代表格だ。スーパーに行けば、何十種類ものインスタント麺が売られている。**安城湯麺**（アンソンタンミョン）、**三養ラミョン**（サミャン）、**ノグリラミョン**、**チンラミョン**……。私のお気に入りは**ムパマ**という銘柄だが、人それぞれに好みがあるようだ。いろいろ食べ比べてみるのも面白いかも。

　韓国の屋台や食堂でラーメンを注文すれば、出てくるのはすべてインスタント・ラーメンである。以前、日本で某有名デパートが韓国物産展を開いたとき、食堂に韓国式ラーメンというメニューを設けたそうだ。ところが、すぐにお客さんから「インスタント・ラーメンを出すとは、なにごとか」という苦情が殺到し、なくなったという。

　日本では、インスタント・ラーメンの位置づけなんて、そんなものだろう。しかし、韓国では立派な料理のひとつとして君臨している。

　インスタント・ラーメンは日本生まれで、韓国に渡って定着した。決定的に違うところといえば、言わずもがな、スープが真っ赤ということである（最近は辛くない白いスープの麺も発売されていて、人気上昇中）。また、麺を茹でるとき、最初からスープや薬味も入れて一緒に煮込む。

　家で作るのと外で食べるのはどう違うのか。ある店の主人は火力が違うと胸を張っていたが、はてさて……。その疑問に答えるエピソードを紹介したい。

辛ラーメン＋卵＋チーズ

　インスタント・ラーメン一筋で一旗揚げた店が、学生街・新村(麻浦区)の延世大学の近くにある。もともとは、とても小さな店であった。まるで洞窟のような店内で、細々とラーメンだけをメニューに、学生や呑んべえたちを相手に、明け方までやっていた店だ。ラーメンが美味しいということで、わざわざ夜中に漢江の向こうの江南から車を飛ばして食べに来ていた韓国人ミュージシャンもいたぐらいだ。

　そのころ、この店の人気にあやかって、向かいに大きくてきれいなインスタント・ラーメン専門店が開店したが、すぐに潰れてしまった。お客さんは、たとえ小汚くても、いつもの店に食べに行ったのだ。もう一度強調しておく。インスタント・ラーメンなのだよ、メニューはすべて。

　そこまで美味しいということが徐々に評判となり、現在ではすっかり見違えるほど、大きくて立派な店構えになっている。まさに、アメリカン・ドリームならぬ、コリアン・ドリーム実現という感じである。

　店の名前は**シンゲチ**(신계치)。そして、一番の人気メニューも**シンゲチ**(신계치)。これは「**辛＋ケラン**(계란)(卵)**＋チーズ**」の略で、辛ラーメンに卵とチーズがトッピングされている。チーズがほどよく溶けて、スープと一緒に麺とからまり、まさに絶品。この絶妙な組み合わせが、とんでもなく美味い。

　あるラーメン好きの日本人ミュージシャンがこれを食べたとき、「こんなに美味かったら、韓国にはもはや生ラーメンの店なんかいらないなぁ」と口走った。彼はその後、トランジットでソウルに数時間しか滞在できないときでも、わざわざ空港からやって来て食べていたほどだ。

　もうひとつの人気メニューは**チャゲチ**(짜계치)である。これは「**チャパゲティ＋ケラン＋チーズ**」の略。チャパゲティとは**チャジャンミョン**(韓国式炸醬麺←188ページ)のインスタント版である。だが、日本で焼きそば

とインスタント焼きそばがまったく違うもののように、このふたつも似て非なる食べ物だ。チャゲチは、皿に盛られたインスタント麺が黒々とした甘いソースにからまり、そこに卵とチーズがトッピングされている。見た目はなんともグロテスクだが、これがまた美味い。インスタント油そば風ジャージャー麺とでもいおうか。家で作ってみたが、なかなかこうは上手く作れない。何か秘訣があるのだろう。外で食べるインスタント・ラーメンは、たしかに一味違う。

不思議なラーメン鍋

これほどまでにインスタント・ラーメン好きのこの国で生まれた、驚きの料理がある。それは**プデチゲ**(부대찌개)という。なんと、鍋の具にインスタント・ラーメンが入っているのだ。

インスタント麺のほかに、ランチョン・ミート(スパム)、ハム、ソーセージ、ベーコンといった加工肉類が基本ベース。そこに、豆腐、韓国春雨、マカロニ、ベイクド・ビーンズ、さらにキムチに野菜やトック(韓国餅)などが盛り込まれている。はっきり言って、なんでもござれのごった煮だ。もちろん、真っ赤なスープに仕上がっている。個人的には、スパムがこんなに美味い食べ物だったなんて、プデチゲを食べてはじめて知った。

私の最初の韓国旅行時、とある食堂で偶然遭遇したのが、このプデチゲであった。ラーメン鍋というあまりのカルチャー・ショックに開いた口が塞がらなかったことを、いまでも思い出す。

ちょうどそのころから流行りだした料理で、もちろんガイドブックにも載っていない。しかし、その店に来る客みんなが、アベックも、家族連れも、OLも、サラリーマンも、その不思議なラーメン鍋を注文するのだ。インスタント・ラーメンをつつつきながら、一杯やって、愛をささやいた

り、家族団欒したり、会社の愚痴をこぼしたり……。それはそれは、本当に不思議な光景だった。

　鍋に使うのは麺だけだから、スープや薬味が入っている袋は、テーブルの下のごみ箱にそのまま捨てられていた。もったいないなぁ〜と思っていたら、案の定、その後インスタント麺だけが製品化された。これを**ラミョンサリ**(라면사리)という。最初は業務用だけだったが、いまでは家庭用もスーパーで売っている。

　我が家でも、プデチゲはよく食卓に上がる。台所にはかかさず、インスタント麺だけの買い置きがある。日本に住んでいるときも作ってみたけれど、やはり煮込むということもあり、硬めの韓国麺が合うようだ。

　このラミョンサリは、他の料理店にも波及した。鍋物を食べてから麺を入れるとき、追加メニューに見かけるようになったのだ。鍋の〆に、インスタント麺である。いやはや、本当にインスタント・ラーメン好きな国民だ。

元の意味は部隊鍋

　プデチゲの歴史を紐解くと、最初は米軍部隊の放出品などを利用して作られた料理であった。プデチゲとは「部隊鍋」という意味で、米軍基地の街として知られるソウル近郊の京畿道議政府市(キョンギドウィジョンブ)が発祥の地だ。

　もともとはオデンを売っていた**オデン食堂**という店が1960年代なかばに、米軍の放出品や横流し品のハムなどを利用して、韓国人の口に合うようにアレンジした鍋が、元祖であるという。現在のオデン食堂はプデチゲ専門店となり、オデンはメニューにない。最初はただの鍋だったが、そのうち韓国春雨やマカロニなどを入れるスタイルも出現。いつしかラーメンを入れる方式が定着し、1990年代なかばから全国的に流行した。

　議政府には、そのオデン食堂を中心にした**プデチゲ通り**がある。議政

府の人びとは「部隊鍋」という名前のイメージがよくないと考えていて、アーケードのアーチには「議政府名物チゲ通り」と書かれていた。しかし、ここまで一般大衆に浸透した名称の変更はかなわず、最近新しくなったアーチや標識には、はっきり「議政府プデチゲ通り」と書かれている。

オリジナル・インスタント・ラーメン料理

ラーメン好きが高じて、インスタント・ラーメンの創作料理本を出版した韓国人女性がいる。そこには、**冷やしラーメン**、**ラーメンそば**、**緑茶ラーメン**、**ラーメンチヂミ**、**サンマラーメン炒め**などといった摩訶不思議な料理が写真付きで紹介されていた。さすがに作って食べてみようとは思わなかったけれど、本を眺めているだけで十分楽しませてもらった。

ところが、先ごろ、ある後輩ミュージシャンが私のために作ってくれたラーメンは、汁なしでお皿にのっている、日本のカップ焼きそばにも似た、油そば風の創作料理だった。オリジナル・インスタント・ラーメン料理……。

そういえば、私自身も家でラーメンを作るときは、なにかしら一工夫するもんな。そういうこだわりのある人も案外多いにちがいない。私のこだわりは、麺とスープを別々に茹でること。これで、インスタント麺に付着している、保存中に酸化した油を落とすことができる。

また、子どものころに、よくインスタント・ラーメンにスープの素をかけて、そのままバリバリ食べていたという人もいて、驚いた。最近ベビースターラーメンが韓国に進出してきたのも、うなずけるってわけだ。

さらには、適当な器がないときは、開けた袋にそのままお湯を注いで作るという荒業も！　もうカップ麺、要らないじゃん！　あまりにワイルドなその食べ方には、ホント脱帽デス。

2 弁当だって混ぜるのだ
トシラク 도시락

冷たいご飯は食べない

お弁当のことを韓国語で**トシラク**という。韓国では冷たいご飯を食べる習慣がなかったので、弁当という文化はあまり発展しなかった。昔の貴人たちの野遊会では家来が家からわざわざ温かいご飯を運んできたというし、農民の畑仕事のときも奥さんが家からご飯を持って来たという。

事実、日本のような駅弁はない。以前特急セマウル号の中で売っていたトシラクは、プレートにのった給食のようなもので、大盛りの熱々ご飯であった(最近は紙箱入りとなり、多少駅弁らしくなった。ご飯は別になっていて、もちろんほかほか)。

▲セマウル号でいま売られている弁当

それでも最近は、街中で日本の「ほか弁」に相当するお弁当屋が見られるようになった。コンビニでも、日本の仕出し弁当のようなトシラクを電子レンジでチンしてくれる(キムパプ(←第1食5)も「チンしますか」と聞かれるのには驚くが……)。

弁当箱をシェイク

ただし、ここで取り上げるのはそういうトシラクではない。飲み屋や庶民的な焼肉屋などのメニューにあるトシラクだ。「**イェンナル　トシラク**())))」(昔のお弁当)とか「**チュオゲ　トシラク**())))」(想い出のお弁当)と書

● 207 ●

かれている店もある。値段は、他のメニューに比べると格段に安い。

　これは、いったいどんなものか。なんのことはない、昔懐かしの真鍮(しんちゅう)の弁当箱で、ご飯の上に目玉焼きがのっかっていて、それにキムチと海苔、軽く揚げた魚肉ソーセージの輪切りが添えてある。日の丸弁当とまではいかないが、かなりシンプル。

　で、食べ方だが、なんと蓋をしてから思いっきり弁当箱をシェイクさせるのだ。両手で弁当箱をつかみ、まるでバーテンダーがシェイカーを振るように、上下左右に激しく、シャカシャカ、シャカシャカ。そうして再びテーブルに置いて、蓋を開ければ、ハイ、即席ピビムパプの出来上がり。見る影もないほどグチョグチョに混ぜ合わさった、無残な姿のお弁当。

　こんなの見たら、普通は食欲なくすやろう。でも、韓国人は大喜びで食べるのであった。そこで、われわれも恐る恐る食べてみると……。

　なんやこれ、美味いやん。見た目にだまされるべからず。小学生や中学生はみな、お弁当をこうやって食べていたという(現在は学校給食である)。しかも、冬場は100％ストーブで温めてから食べたとか。

　余談だが、韓国では**ベントウ**と言っても通じる。「ベントウ」は日帝時代に入ってきた言葉で、大韓民国成立後もずっと使われ、その後、再び韓国固有語のトシラクに戻されたのであった。ちなみに、北朝鮮や中国朝鮮族の間ではベントウという言葉がそのまま残っていて、逆にトシラクは使われないそうだ。

卵料理いろいろ

　そういえば、韓国の目玉焼きは、両面を焼くターンオーバー・スタイルが一般的である。個人的には片面焼きのサニーサイドアップが好きなんだけど、あまり見かけない。目玉焼きは、韓国語で**ケランフライ**(계란후라이)(卵フライ)という。

日本のお弁当のおかずに入っているような卵焼きは、**ケランマリ**（계란말이）（卵巻き）だ。韓国では卵焼きに砂糖を使わないので、まったく甘くなく、本当に素朴な味である。玉ねぎのみじん切りなどが入っていて、どちらかというとオムレツに近い。チーズ入りの**チーズケランマリ**（치즈계란말이）もある。

　昔は家庭で卵かけご飯（**ナルケラン**あるいは**センケラン**。どちらも生卵の意味）をよく食べたが、現在ではほとんど食べなくなったという。しかし、生卵がなくなったわけではない。ユッケにはのっているし、スンドゥブにも落とす。伝統茶の店に行って薬膳韓方茶の**雙和茶**（サンファ）を注文すれば、7〜9種類の韓方薬を煎じた熱々のお茶の中に生卵が浮かんでいる。そういえば、いまではほとんど見ない追憶のビックリメニューだが、インスタントコーヒーに生卵を浮かべたものを**モーニンコッピ**（モーニング・コーヒー）と呼んでいた。

　そのほか卵料理で一般的なのは、**ケランタン**（계란탕）（鶏卵湯）または**ケランチム**（계란찜）（卵蒸し）と呼ばれるお化け茶碗蒸し。でっかい器にシンプルに作られた茶碗蒸しの一種で、蒸しすぎて穴ができていてもおかまいなしのワイルドな料理。

　また韓国では、ひよこが鶏になってはじめて産んだ卵を**チョラン**（初卵）といって、非常にありがたがる。普通の半分以下の大きさで、小さくて初々しい卵である。プリプリとした黄身に、しまった白身、味も濃い。超有名グルメ漫画『美味しんぼ』の究極VS至高のメニュー対決第1回に登場したので、覚えている方も多いかと（海原雄山の用意した料理は、初卵の黄身の味噌漬けだった）。初卵だけを使ったメニュー（**チョランケランマリ**など）を出す店があるのだが、その仕入れはどうしているのか、逆にこっちが気になってしまう。

3 伝統的ジャンクフード
ポンデギとソラ 번데기、소라

強烈な匂いですぐにわかる

　韓国の伝統的なジャンクフードといえば、これをおいてほかにないだろう。

　昔は街中のいたるところにあった。最近では少なくなったとはいえ、根強い人気があるのだろう。まだまだ健在だ。あの強烈な匂いですぐにわかる。あっ、売ってるなと。

　それは**ポンデギ**(번데기)である。蚕の蛹の水煮だ。ポンデギは本来、蛹全般を意味するが、一般的には食用蚕の蛹を指す。蛹そのもの、虫そのものなので、食べるのにはかなり抵抗がある。かじったときのグニャッとした食感は、まさに蛹としか言いようがない。

　それを大きな鍋に入れて、水煮にして売っている。紙コップに山盛りでくれる。独特な臭味が鼻につき、チャレンジするには勇気がいるだろう。観光客が逃げ出す食べ物、ナンバー１！

　しかし、昔は女子がポンデギをポリポリかじりながら街を闊歩する姿なんて、毎日目にする普通の光景だったという。紙コップに残った煮汁まで飲みほして、あ〜美味しかったって。子どものおやつとしても、一般的な食べ物だったらしい。

　ということは、日本の蜂の子やざざ虫なんかに比べたら、はるかにポピュラーだってことだ。

　現在では、スーパーやコンビニで缶詰が売られている。山盛りの蛹がこれでもかとプリントされた缶は、もっともインパクトがある韓国土産のひとつだろう。

一手間加えたほうが美味しい

しかし、なぜ水煮なのだろう？　水で煮るだけだから、臭いのだ。

以前、ソウルの我が家で後輩ミュージシャンたちと飲み会を開いていたとき、遅れてきたひとりがポンデギの缶詰を買ってきた。彼は座るなり、缶を開けてそのまま食べようとする。私は思わず、「ちょっと待ってろ。料理してくるから」と言って、台所へ。

そして、ほんの少し手を加えて皿に盛ったポンデギを再びテーブルに置いた。

「さぁ食べてみろ」

彼は一粒口に運ぶやいなや言った。

「兄貴、いままで生きてきて、こんなに美味いポンデギ食べたことがありません」

料理法は、いたって簡単。フライパンに油をひいて、みりんか酒をかけながら、ポンデギを水気が飛ぶ程度に軽く炒めるだけだ。臭味はなくなり、カリカリとした食感が加わり、それでいてポンデギ本来の味も損なわれない。缶詰を買われたチャレンジャーの皆さん、ぜひお試しあれ。

田舎風飲み屋では、**ポンデギクク**(ポンデギ汁)なるメニューもある。その名のとおり、ポンデギのスープだ。先日、酔った勢いで我がバンドのドラマーが挑戦していたが、彼は気に入ったらしく、ごくごく、パクパク、むしゃむしゃと、平然とたいらげたので、驚いた！　秋田出身の彼は、「いや、幼いころイナゴとかよく食べてたから」と言っていた。

私もイナゴの佃煮は大好物である。だが、ポンデギは遠慮したい。ここまで書いてきてなんだが、実は苦手なのだ。

信州には、蚕の蛹の佃煮がいまでもあるという。長野県人の方なら、ポンデギは大丈夫かもしれない。

存在自体がジャンキーな巻貝

　ポンデギの屋台には、もうひとつ変わった食べ物があることが多い。2cmぐらいの小さな巻貝を煮ているのだ。その巻貝を口に運び、中の煮汁(身もあることはあるのだが)をチューチュー吸うという、なんとも不可解な食べ物で、俗にソラ(ﾉﾉﾉﾉ)と呼ばれている。ソラは元来サザエを意味していたが、転じて巻貝一般を指す言葉になった。

　磯の香りといえば、そうなのだが……。あるいは昔の駄菓子？　とにもかくにも、いい加減な食べ物である。実際は、かなり磯臭い。どちらかというと酒の肴にいいかもしれない。

　この貝は、日本名がウミニナ、韓国語では**ケッコドゥン**。ただし、ほとんどの韓国人は本当の名前を知らない。

　そもそもは「コドゥン」が巻貝の総称で、「ケッ」という接頭語は「入り江の」という意味である。だから「入り江の巻貝」って、あまりにあまりな名前なのだ。日本でも潮干狩などで頻繁に見つかるが、食用になることを知らないために、誰も採っていかないという。

　その存在がすでにジャンクで、かわいそうなウミニナだが、先日、5〜6人の女子がポンデギ屋台に押し寄せて、このソラを注文していた。しかも、おばさんに、「もっとスープ入れて〜」などと頼んだ。

　そう、この国ではこんなに愛されているのだから、呼び名など構いやしない。十分に幸せな貝といえるだろう。

第7食
韓国酒事情

　大酒飲みの国、韓国。本当にお酒が好きな国民だ。とにかく乾杯する。何度もする。基本的に、ストレートで飲む。それも一気に飲む。One Shot!　そもそも韓国料理って、どれも酒の肴にぴったり。はじめて訪れた人は誰もが、韓国は本当に酒飲み天国だと思うことだろう。

　だが、しだいに考えは変わってくる。韓国人はお酒そのものが好きなのではなく、お酒を飲んで酔っぱらうのが好きなのではないかと……。

　韓国で酒の席は重要だ。飲みニュケーションによって、ビジネスもプライベートも恋愛も友情も成り立つ。もともと話好きの国民性だから、飲めば話が弾む。アフター・ファイヴで杯を交わし、友達になって、それからビジネスができると考える人が多い。飲み屋で激しい討論の末殴り合いのけんかにまでなったが、その後肩を抱き合ってたなんて光景は、よくある。話を弾ませるために、スムーズにさせるために、ビジネスをうまく進めるために、友達になりたいために、アルコールは必要なのだ。

　韓国には1987年まで夜間通行禁止令があり、夜12時から朝4時までは通行禁止であった。地下鉄も12時ごろが終電。タクシーは乗車拒否の嵐でつかまえるのが一苦労。だから、早く飲んで早く酔わなくては、となるのも当然だろう。酒の味より、早く酔えるほうが重要だった。

　ゆえに、One Shotなのだ。うれしいことがあれば乾杯し、新しい出会いがあれば乾杯する。話題が途切れて場が一瞬白けたときも、みんなで乾杯。それがすべて一気飲みなのだから、2時間もあれば十分に酔えるだろう。日本人は時間をかけてゆっくり飲む。韓国人は短時間に一気に飲む。たぶん、お酒の摂取量はあまり変わらないのでは。

　最近は美味しいお酒もたくさん発売されている。今後、お酒そのものを楽しもうという風潮になってくれればうれしいのだが、はたして……。

1 これぞ国民酒
焼　酎

小さなグラスで一気飲み

　韓国で酒といえば、焼酎のことだ。ソジュ（소주）という。国民酒の如きである。

　「あなたはお酒をどれぐらい飲みますか？」という質問に対して、韓国人は「ソジュ２本かな」とか「あたしはソジュ半分ぐらいしか」などと答える。会社の健康診断の書類に、「酒量：焼酎○本」という記入欄があるくらいだ。

　この場合のソジュ１本は、360㎖の小ビンのこと。アルコール度数は20度程度。それを小さなお猪口のようなグラスで、ストレートで一気に空ける。「One Shot」（ワンシャッと発音）こそが韓国式の飲み方である。

　日本でも有名な眞露が代表的な焼酎製造業者だ。ただし、日本で販売されている眞露（Jinro）は、日本向けに開発されたもので、韓国国内のソジュとはまったく違う。

　日本の眞露は、クセのないすっきりとした、ほとんど無味無臭のお酒で、カクテル・ベースにちょうどいいタイプ。500㎖や１ℓのビンで売っている。韓国のソジュは基本360㎖の小ビンで、はっきりいって甘い。1980年代初頭までは、なんとサッカリンが入っていた。というか、サッカリンを入れるように義務づけられていたそうだ。

　韓国料理が往々にして辛いので、甘い酒が合うのだろう。甘さと適度なアルコール度数で口の中をサーッと一掃し、ふわっと沸き上がってくる感じに酔うのだよ、韓国の人たちは。料理が出てくるまでにすでにソジュ１本は空いていることが多い。とにかく酔うためには、口あたりのいい甘口の酒が向いているのかもしれない。

そして、日本でも眞露は安いことで有名だが、韓国のソジュはもう本当に安い。レートの違いで多少の上下はあるが、それでも1本100円ほどである。しかも、どこでも売っている。コンビニ、スーパー、小さな食料品店……。これで国民酒にならなくてどうするのだというぐらい、巷にあふれている。紙パックまである。
　なんでも統計では、世界一焼酎を飲む国だとか。焼酎を飲む国は日本と韓国以外にはあまりないと思うが、そんな自慢話が酒場で語られるのもお国柄だ。
　以前、年間1人あたりの洋酒消費量が世界第2位というニュースを見たことがある。これは、韓国スタイルでは、封を切ったお酒は全部飲み切るのが当たり前という風習のためだと思う。ボトルキープなんていうチマチマした考えはない。実にワイルド。
　それが焼酎にも適用されてしまうというわけ。だから、ソジュは小ビンなのだ。一度開けたら、最後まで、ショットグラスのストレートでガンガン飲む。水割り？　そんなちゃちな飲み方は存在しない。お酒は、ソジュだろうが、洋酒だろうが、ストレート！

度数が下がった

　1990年代、ソジュ業界に新製品ブームが起こった。それまで市場を牛耳っていた眞露に対して、ライバルメーカーが次々と新しいソジュを発売。それに対抗するために眞露は、1970年代からずーっと変わることのなかった25度というアルコール度数をほんの少し下げた23度の新銘柄**チャミスル**で対抗。これが爆発的な大ヒットとなり、ロングセラーに。現在では、**トゥッコビ**（ガマガエル）と呼ばれる25度の眞露（韓国語ではチルロと発音）のビンはほとんど見かけない。眞露という会社を代表するお酒はチャミスルとなっている。

酒のマイルド化は、21世紀に入って加速度的に進んだ。2006年にはついに20度を切り、いまのチャミスルの度数は19度。日本向けは、18.5度である。さすがに低くしすぎたと思ったのか**チャミスルCLASSIC**（20.1度）という銘柄も発売された。

　実は意外なことに、韓国でもっとも消費量の多いお酒はビール（→ 220・221ページ）なのだ。若者が徐々にソジュ離れしてきたとよくいわれるが、おとなでもビールを飲む人は非常に多い。元来のソジュでは若干度数が高すぎたのだろう。マイルドなお酒を好むようになってきた国民の嗜好の変化をいち早くつかんだ、眞露の先見の明には恐れ入る。飲んでいる本人ですらわかっていなかった、国民の意識下における変化だったからである。

　しかし、会社は笑いが止まらなかったにちがいない。水で薄めたほうが売れる。しかも、値段は同じ。これ、ボロ儲けじゃん！

安い焼酎が普及した理由

　韓国全土で販売されている焼酎は眞露のみ。地域フランチャイズ制が布かれていたので、土地土地で独自のソジュがある。1976年には、「一道（日本の都道府県にあたる）に焼酎製造業社はひとつ」「各道で50％以上は地元の焼酎を販売する」という制度が制定された（1996年に廃止）。たとえば、どんな銘柄があるかというと……。

　ソウル近郊の京畿道（キョンギド）は**チョウムチョロム**（初めてのように）、江原道（カンウォンド）は**サン**（山）、釜山は**C1**（シーワン）、全羅南道（チョルラナムド）は**イプセジュ**（葉の酒）、済州島は**漢拏山**（ハルラサン）。各メーカーが工夫を凝らし、独自の製法をしているので、味の違いを楽しむのもいいかもしれない。

　ところで、韓国のこれらのソジュは、誤解を恐れずにいえば合成酒のようなものである。人工的に加えられた甘味など非常にケミカルだ。1980年代に日本で焼酎ブームが起こったとき、伝統的に造られた焼酎が脚光を

浴び、「甲類」「乙類」という言葉が飛び交った。いまでは、芋焼酎や麦焼酎といった"本格焼酎"(乙類)のほうが一般的である。そのすぐ後にやってきた日本酒ブームのときも、まったく同じであった。現在は純米酒という言葉はほとんどの人びとが知っている。一方、ソジュは甲類なのだ。

では、なぜ韓国ではこれほどソジュが一般化したのだろうか。その理由のひとつに、政治的な背景がある。

1970年代、朴正煕(パクチョンヒ)政権の時代、朴大統領の一番の悩みは学生運動だった。民主化運動が盛り上がり、若者たちの行動を恐れた政府は、とんでもない政策を打ち出す。なんと、大学の周辺地域に限って飲み屋の税金を安く設定し、学生街を飲み屋だらけにして、大学生を骨抜きにしようというのだ。しかも、ちょうど大衆酒として人気のあったマッコルリ(→219ページ)の質が落ちて不人気となっていたのをいいことに、「マッコルリよりも強い酒を安く提供しよう」と焼酎業界を強力にバックアップした。

ただし、小さなソジュの小ビンは学生運動で投げるのにちょうどよかったという話もあるそうだ。いま学生街の大学路(テハンノ)や新村(シンチョン)に飲み屋がたくさんあるのも、実は国策だったとは。学生諸君！　酔ってばかりじゃ思うツボだぞ。行動を起こせ、行動を！

本格的で美味い焼酎

そもそも、韓国に日本の本格焼酎にあたるような、伝統的な焼酎はあるのだろうか。

もちろん、ちゃんとある。たとえば**安東焼酎(アンドンソジュ)**。慶尚北道(キョンサンブクト)の安東の伝統酒で、米、麦、粟、キビ、豆を1週間かけて発酵させてから蒸留し、アルコール度数は45度と強い。芳醇な香りで、中国の老酒(ラオチュウ)などにも通じる、実に美味い酒だ。

しかし、度数が高いうえに、値段も普通のソジュの数十倍もする。だか

ら、飲んだことがないという韓国人の多いこと。自国の文化にたいへんな誇りをもっている国民なのに、しかも焼酎好きなのに、なんか変では？

　昔の人はそういう伝統酒を、チビリチビリ味わいながら飲んだのではないだろうか。お酒をゆっくり嗜む(たしな)という文化を歴史のどっかに置き去りにしてきちゃったのでは、なんて個人的には思っている。

　伝統酒だって、本当は値段を下げられるはず。でも、高級志向の強いプライドがそれを許さないのかも。これは両班(ヤンバン)(李氏朝鮮王朝時代の貴族階級)が飲む酒だって。そういうお酒って、わざわざ陶器に入っているんだ。器代だけで価格が1000円ぐらい簡単にアップしちゃうでしょ。

　最近は少しずつ、お酒に美味しさを求める声があがってきているようだ。ここ数年で、本格焼酎がいくつか発売されている。

　まずは火尭(ファヨ)。発売されたとき、あまりの美味さにマジで驚いた。利川(イチョン)(京畿道(キョンギド))の高級陶器メーカー廣州窯(クァンジュヨ)が造った焼酎で、麹を蒸留発酵させた乙類。度数の低い商品も発売されているが、41度のオリジナルが一番だ。ただし、値段も高い。

　次は眞露が出した本格焼酎一品眞露(イルプムチルロ)。日本向けに開発した米焼酎Premium JINRO 乙のもとになった国内向けの製品だ。10年以上オーク樽(オークというブナ科の木でできた樽)で長期熟成させた、蔵出し原酒を使用した逸品。もはやウィスキーのような味わい。25度。

　そしてOAKZEN(「オクジェン」と発音)。大邱(テグ)の大手焼酎メーカー金福酒(クムボクチュ)が発売したプレミアム米焼酎で、やはり25度。フランス産リムーザン・オーク樽(フランスの旧リムーザン州で産出される堅いオーク。この木で荷車が作られることからリムジンという言葉が生まれた)で10年以上熟成させた原酒を使用している。美味しいうえに、本格焼酎のなかではもっともリーズナブルなので、お薦め。はじめて飲んだときは、味といい値段設定といい、「やればできるじゃん！」と素直に喜んだ。我が愛飲酒。

2 日本でも大人気
マッコルリ 막걸리

　日本でも大人気のマッコルリ。韓国のどぶろくだ。原料は、米や小麦粉など。度数は高くない。最大の特徴は、炭酸発酵していること。味は、甘酸っぱさが決め手。日本でのブームが逆輸入され、こちらでもマッコルリは大人気である。

　以前は、民俗居酒屋風の飲み屋にしか置いていなかったが、最近はごく普通の焼肉屋や食堂にもある。市販のペットボトルに入ったものから、店が独自に仕入れているもの、店の手造り（！）、なかには高麗人参を溶かし込んだものなどもあり、地方によっても千差万別。いやはや、本当にいろんなマッコルリを楽しむことができるようになったもんだ。

　もともとマッコルリは、農作業の合間に喉を潤したりして、昔から庶民のあいだで広く飲まれていた酒である。しかし、1960年代に食糧危機が起こり、65年には米でお酒を造ることが法律で禁止され、代わりに小麦粉でマッコルリを造るようになった。そのために質が落ち、それ以降は、飲んだら頭が痛くなる不味いお酒というイメージになってしまったのだ。日本のブームをきっかけにして、最近、地位が復活してきたと思う。マッコルリの不遇時代は長かった……。

　トンドンジュ（동동주）と呼ばれる民俗酒もある。本来はマッコルリの上澄みだけをすくったお酒だが、多くの店で、マッコルリもトンドンジュも混同されている。やかんに入っているのがマッコルリで、陶器に入って出てくるのがトンドンジュなどという、超いい加減なお店もあった（値段の差があったんよ、その店は。中身同じなのに！）。

3 オールモルト登場 ビール

以前は美味しくなかった

「韓国のビールは美味くない」と、少し前まではいわれていた。というか、私自身もそう公言していた。はっきり、「不味い」と。

韓流ブームの起こる少し前、2000年ごろだったか、東京の某有名デパートで世界のビールフェアが開催されていた。その一角にアジアのビールのコーナーがあった。並んでいたのは、中国の青島(チンタオ)、タイのシンハー、フィリピンのサンミゲール、マレーシアのタイガーなど。韓国のビールはなかった。それを見た韓国人の友人はポツリ。

「やっぱり韓国ビールは美味しくないから、並んでいないんだなぁ」

韓国ビールでもっとも有名なのは **Cass**(カス)だ。当時は Cass 全盛。Cass は焼酎メーカーの眞露が造ったビールで、後に大手のビール・メーカー OB が買い取った。これが超薄味。日本のスーパードライを模倣したような味だが、そのシャープな切れ味と喉ごしが大人気となった。

もともとスーパードライは、「食事をしながら飲める」というコンセプトのもとに開発されたビール。だから、後味が残らない。同じような味の Cass も、焼肉を食べながらというシチュエーションにバッチリあてはまったといえよう。何かが流行ると、猫も杓子もとなるのが人情で、一時期韓国ビールはこんな薄味のビールばかりだったのだ。

お薦めは Max と OB ゴールデン・ラガー

だが、もうひとつの大手ビール・メーカーの Hite(ハイト)が、**Max**(「メックス」と発音)という銘柄を発売してから、韓国ビールの指向が徐々にシフトチェンジしている。Max は、韓国初のヨーロピアン・スタイルの

オールモルト・ビール。私は Max が出たとき、思わず「待ってました！」と叫んでしまった。

　OB も負けてはいない。100％モルトのビール **OB ゴールデン・ラガー**を発売。両者甲乙つけがたい味のプレミアム・ビール。まだまだ市場では一般のビールが幅を利かせているが、国産ビールを美味しく飲めるようになったことが、素直にうれしい。

　ところで Hite は、2006 年になんと眞露を買収して、現在の社名はハイト眞露である。そこで販促用のコップとして生まれたのが、ソメクチャン。**爆弾酒**(ポクタンチュ)用のコップである。

　爆弾酒とは、焼酎やウィスキーをビールで割った飲み物。焼酎のビール割りは、ソジュ（焼酎）＋**メクチュ**(맥주)（麦酒＝ビール）の頭をとって、**ソメク**(소맥)とよぶ。

　ソメクチャンは、どれくらい焼酎を入れたらいいか、計量カップの如く目盛りが印刷されている。出来上がったソメクのアルコール度数がどれほどになるのかがわかるという、ビールグラスなのである。半分冗談、でも半分は本気で作られたのではなかろうか。

　しかし、爆弾酒やソメクは、お薦めしない。悪酔いするもとだし、そもそも不味いよ！　それでもこの国にいると、否応なしに飲まされる羽目になることも多い。くわばら、くわばら。皆さん、お気をつけて。

4 種類いろいろ 伝統酒など

　お刺身を食べたりするときによく飲まれるのは**梅酒**(メシルチュ)だ。日本では家庭で飲む健康酒といったイメージなので、お酒を飲んだ気にならないかもしれないが、こちらでは高級酒の部類に入る。といっても、ほんの少し高めといった感じで、リーズナブルでないわけではない。日本で市販されているよりはるかに甘味が少なく、とてもすっきりした飲み心地だ。

　手軽に飲める伝統酒も、いろいろな種類が発売されていて、人気も高い。たとえば**百歳酒**(ベクセジュ)。高麗人参やクコの実などの漢方薬成分を加えた醸造酒で、いかにも韓国といった香りがする。**覆盆子酒**(ポップンジャジュ)は伝統的果実酒。ラズベリーの一種トックリイチゴを発酵させて造ったものだ。甘いが、強精、勃起不全、若返りに効くという。そのほか、**山査春酒**(サンサチュンジュ)(サンザシ酒)や**カシオガピ酒**(エゾウコギ酒)などもある。

　日本酒のことは**正宗**(チョンジョン)という。どう考えても、日本酒の某銘柄から付けられた呼び名だろう。その正宗の代表が清河(チョンハ)である。新井英一の歌「清河への道」とは関係ないので、念のため。

　この清河は、「日本酒と思ってもらっては困る」と、いつも私は韓国人の友人・知人に言っている。これは、清河という新しい種類のお酒である。はじめて飲んだとき、古くて酢になってしまった日本酒かと思った。その後、ほかの店でも飲んで、やっと、こういう味のお酒なのかと納得したぐらいだ。普通は冷やで飲むが、ときどき**ヒレザケ**(ふぐのひれ酒)が、お燗された清河で出てくる。文句は言わずに黙って飲みますが……。

　なお、**慶尚北道**(キョンサンブクト)・**慶州**(キョンジュ)の伝統酒に、**法酒**(ポプチュ)という、たいへん美味しい清酒がある。芳醇な甘味を放ち、上品でまろやかな舌ざわり。これは、お薦め。

5 安上がりの大宴会
コンビニ飲み

　この国で一番安く飲める場所はコンビニだ。コンビニのことを韓国語で**ピョニジョム**(便利店)という。CU(もとはFamily Mart)やセブン-イレブン、韓国独自のGS25やBy The Wayなど、激戦状態。そういったコンビニの多くが、店の外に簡易テーブル(パラソル付きの場合も)と椅子を設置している。コンビニで買ったお酒、おつまみ、あるいはカップラーメン(ちゃんとレジにお湯が用意されている)を、店先で飲み食いできるのだ。

　24時間営業だから、いつでも飲める。真っ昼間からいい顔したオヤジたちがくだを巻いていて、夕方からは学生らがそこに混ざり、真夜中はもう一杯飲みたい呑んべえが鎮座している。この光景には本当に驚く。

　街頭テレビを設置してるコンビニもあり、いつも店先が宴会場だ。そういえば、コンサートの打ち上げをそんなコンビニでやったこともあった。とにかく安あがりだし、酒にもつまみにも困らない。

　また、うちの近所の病院の近くじゃ、入院患者が点滴スタンドを引きずりながら(!)、コンビニの前でたむろしている姿をよく見かける。さすがに、一杯ってわけではないと思うけど……(ここだけの話だが、飲んでいる患者さんもいた)。

　店内にもカウンターがあって、軽く食事ができる店も多い。日本じゃ、コンビニ内でジュースとか飲んだら怒られるもの。実際、韓国人の友人が日本に来たとき、精算をすますやいなや缶を開けてジュースを飲んだら、店員に注意されていた。でも、「店内で飲食しないでください」という意味を彼女は最初理解できなかった。たしかに、コンビニでおにぎりとか買って、いったいどこで食べればいいんだ？　そう考えると、まさに"便利店"。韓国では、本当に"コンビニエンス"なストアなのである。

▲昼間から熱くなる広蔵市場（ソウル）の屋台

▲ソウルの長寿マッコルリ 　▲京畿道・加平のマッコルリ各種

▲清河（日本酒） 　▲チャミスル（焼酎） 　▲覆盆子酒（果実酒） 　▲ペットボトル入りビール

第8食
韓国ローカル料理

　ソウルにいれば、なんでも食べられる。中央集権体制の韓国では"すべての道はソウルに通ず"などといって、なんでもかんでもソウルに集まるようになっている。たしかに、それは事実だ。

　しかし、もちろん各地でその地域ならではの食文化がある。その多くはソウルでも食べられるが、やはり本場の味とは違う。また、現地に行かなければ食べられないといった、地方色豊かな食べ物もたくさんある。

　韓国の地域区分は大きく6つに分かれる。ソウル周辺の京畿道。京畿道の東隣で日本海まで続く江原道。中央に位置する忠清道。南下して、釜山のある東側が慶尚道、光州や木浦のある西側が全羅道である。そして、済州島が属する済州道だ。すでにふれてきたように、それぞれが豊かな食文化をもっている。ここでは、あえてこれまで言及せずにきた、特筆すべきスペシャルなローカル料理をまとめて紹介したい。

　たとえば、北朝鮮に非常に近い街として知られる江原道の港町・束草には、朝鮮戦争時に北朝鮮から避難したまま帰れなくなった人たち（失郷民という）が住む村、アバイマウルがある。ここでは、北朝鮮の咸鏡道の郷土料理が食べられる。韓国のイカ飯オジンオスンデや、スケトウダラまるまる一匹の中に具を詰めて蒸した**ミョンテスンデ**（ハレの日の特別料理）のワイルドさにも驚くが、なんといっても**カジャミシッケ**(가자미식해)だ。

　カレイを粟飯や唐辛子などと一緒に発酵させた、真っ赤な熟れ鮨。カレイは淡白で上品な味の白身魚。煮てよし、焼いてよし、揚げてよしの優れものだが、咸鏡道の人たちは、ひと工夫凝らしたこれが大好物。辛くて酸っぱい刺激的な味は、クセは強いけれど美味。ソウルじゃなかなかお目にかかれない一品である。

　それでは、そんなB級ローカル・グルメの数々をお楽しみください。

1 美味い、凄い、珍しい
全羅南道(チョルラナムド)

食は全羅道にあり

まずは、なんといっても**全羅道**(チョルラド)だ。朝鮮半島の南西部、三国時代(313～676年)に百済(くだら)だった地域である。"食は全羅道にあり"などといわれるほど、食べ物が美味しいことで有名だ。

食堂で席に着いたら、**パンチャン**(つきだし)が次から次へと出てくるのは韓国全土で同じだが、全羅道はその量がマジで半端ではない。朝食で入った何気ない食堂ですら、15～20種類の皿が並ぶ。韓国人でも驚くほどの量だ。その基本姿勢から、他の追随を許さないほど、食に対しての自負があるといえよう。また、総じて全羅道出身の女性は料理がうまい。それゆえ、全羅道出身の女性と結婚したい男性も多いという。

全羅道は、**全羅北道**(チョルラブクト)と**全羅南道**(チョルラナムド)に分かれている。全羅北道には、**ピビムパプ**(비빔밥)))))で有名な全州がある。**全州**(チョンジュ)**ピビムパプ**は、韓国グルメじゃ超有名な一品だ。20種類以上の具が織りなすご飯とのハーモニー。**コンナムルクッパプ**(콩나물국밥))))) (豆もやし汁ご飯)も美味しい。全州は食の都だ。

木浦の名物エイの刺身は強烈な発酵臭

しかし、全羅南道は美味いだけではない。凄いのだ。どうしてもここで特筆しておかねばならない料理がある。東洋一臭い食べ物、**ホンオフェ**(홍어회)だ。

全羅南道の港町・**木浦**(モッポ)。日本家屋が残り、情緒あふれる通り。一昔前の映画にでも出てきそうな、望郷心をかきたてる、落ち着いた雰囲気の街並みである。港町だけあって、海産物が豊富だ。そこから生まれた驚きの料

理！

　ホンオとはガンギエイのこと。ホンオフェは、そのエイの刺身である。エイの刺身？ってことだけでも初めは驚くが、さらにそれを腐らせて、いや発酵させて食べるという、とんでもない代物。そして、その発酵の仕方がまた世界でも類を見ない。くさややや熟れ鮨のような魚系の匂いでもなく、ブルーチーズのような動物性たんぱく質系のそれでもなく、まして納豆のような植物系でもない。想像を絶する、鼻をつんざくようなアンモニア臭なのだ！

　初級クラスは箸でつまんだときに臭い、中級は料理が出てきたときに臭い、上級は厨房で料理の準備を始めたときから臭う。一切れ口に入れ、おそるおそる噛んだその瞬間から、鼻腔に広がる超強烈な刺激臭。やっとの思いで飲み込んだ暁には、食道の奥から涙腺にいたるまで、アンモニアのジェット気流が一気に突き抜けるこの凄さ。

　女優の黒田福美さんが、その著書『ソウルの達人〈完全版〉』（三五館、1997年）のなかで、"食べるシンナー遊び"と紹介していたが、まさにそのとおり。ホンオフェを食べた翌日、鼻の奥からアンモニア臭がフラッシュバックしたことも、一度や二度ではない。

　私のように、一度食べたら病みつきになる人はほとんどいないだろう。韓国人ですら、食べられない人が多い。だが、全羅南道では超高級料理で、結婚式にホンオを何匹用意できるかによって、その家の懐具合がわかるとか。全羅南道出身の金大中（キムデジュン）元大統領も大好物だったという。

　いやはやとにかく、これは世界に誇れる発酵食品の東の横綱である（ちなみに西の横綱は、スウェーデンの発酵ニシンの缶詰、シュールストレミング）。日本の食品衛生法じゃ、アンモニア臭のあるものなんて言語道断、すぐに発売禁止処分になってしまうだろう。

　ホンオフェをつまみながらマッコルリ。もう最高の組み合わせである。

これを**ホンタク**(홍탁)という。ホンオのホンに、マッコルリの別名**タクチュ**(濁酒)の**タク**を合わせて、ホンタクだ。私の大大大大〜大好物である。く〜っ、ホント、効くわ〜。

レバ刺しやスープも

トコロと呼ばれるホンオの鼻の軟骨を出してくれるところもある。切り身よりもはるかに強烈に発酵していて、ブッ飛ぶこと間違いなし。

酸味の効いた**ムグンキムチ**(古漬けキムチ)と茹でた豚肉とホンオフェの盛り合わせを**サマプ**(삼합)(三合)という。この組み合わせもグレイト！ 3つの珍味の出会いというわけだ。

刺身だけでなく、口を近づけるだけでむせてしまう**ホンオクク**(ホンオ汁)や、涙腺を直撃する**ホンオチム**(蒸しホンオ)など、熱々で食べるホンオも強烈で、最高である。

木浦港から船に乗って1時間40分の離島・黒山島(フクサンド)で獲れるホンオは、とくに貴重品。昔はホンオの産地だったのだが、いまでは水揚げ量が極端に減ってしまい、黒山島産はなかなか食べられない。獲れたては、発酵させずに刺身で食べられるところがポイントだ。とくにホンオのレバ(肝)刺しは絶品。口の中に広がるとろりとした上品なコクに、頬っぺたが落ちること必須だ。

ホンオの肝のことは**エ**(애)という。ホンオの内臓スープ**ホンオエタン**(홍어애탕)は、二日酔いの特効薬。サマプを食べて、ホンタクに酔いしれた夜。翌朝はホンオエタンで〆。これが、ほんまにホンオのコース料理。

珍しくて美味の刺身がまだある

ミノ(민어)(ホンニベ)の刺身も木浦名物。木浦駅から港に向かう途中に

ミノエコリ(ニベの通り)がある。といっても刺身屋が数軒並んでいるだけなんだけど、ちゃんと可愛いマスコットの看板まで立っている。旬は4〜5月。薄赤みがかった鮮やかな色。透明感のある身。一口噛めば、じわっと染み出す脂の旨味。激美味です！　肝や皮も！

　天童よしみさんの「珍島(チンド)物語」でもご存知、海割れの島・珍島は、木浦の南に位置する。その特産物に**カンジェミ**(간재미)がある。小さいエイで、日本では**コモンカスベ**と呼ばれる。ホンオのように発酵はさせず、刺身で食べる。これまた美味である。小さいので、軟骨も一緒に食べられる。コリコリとした食感がたまらない。鍋にしたら、またこれが美味い。コチュジャン和えでもよく食べられる。冬が旬。

　発酵させずに食べるエイはもう一種類あって、それは全国区の食べ物だ。**カオリ**(가오리)、日本ではアカエイ。コチュジャン和えで食べることが多い。

◀ここから美味しいニベ通り

2 釜山だけのB級グルメ

これぞB級グルメ

　韓国第二の大都市・釜山でもっとも有名な観光名所といえば、チャガルチ市場。韓国最大の水産市場である。いろんな海産物がゴマンとあって、見て歩くだけでも楽しい。市場で買った魚を刺身で食べさせてくれるシステムなので、観光客にもバッチシだ。

　そんなだだっ広い市場のなかに、知る人ぞ知る、チャガルチ市場にしかない、これぞB級グルメという食べ物がある。アジュンマ（おばさん）がひとりでやっているような小さな店が連なる一角。見るからに怪しい、魚の煮こごりのような、内臓のような、皮のようなものが売られている。アジュンマの後ろでは、それをつまみながら、オヤジたちが一杯やっているではないか。う〜む、いかにも美味そうじゃ！

「アジュンマ、これは何？」

「**トゥトゥ**(두부)(ﾄｩﾄｩ)や」

「こっちは？」

「**チャンオムク**(장어묵)(ﾁｬﾝｵﾑｸ)」

「少しくださいな。後ろで食べてもいい？」

「ええよ。お酒は？」

「マッコルリありますか」

「ちょっと待ってて」

　というわけで、いただきます。

　トゥトゥとは、トラザメのひれや皮、内臓を湯がいたもの。チャンオムクは、コムジャンオ（ヌタウナギ←143ページ）の皮の煮こごり。酒飲みにはたまらん品々だ。とくにトゥトゥ、これはええよ。噛みごたえがたまら

ん。しかも激安。庶民の味方。歩き疲れた足を休めるにもちょうどいい。

豚汁ご飯と小麦粉の冷麺

　次は、釜山の人にとってはごく普通の朝飯だが、ほかの地域ではほとんど見ない**テジクッパプ**(돼지국밥)〔)))〕。

　豚汁ご飯だ。韓国では肉のだしのスープの基本は牛だが、釜山は珍しく豚骨なのだ。日本の豚骨ラーメンより、はるかにあっさり味。**プチュムチム**〔)))〕(ニラの唐辛子和え)と**セウジョ**(アミの塩辛)を入れて食べる。ご飯とスープを別々に食べたいときは**タロクッパプ**(따로국밥)〔)))〕(「タロ」は「別に」の意味)を注文すればOK。

　さらに、釜山独特の麺料理ミルミョン(밀면)〔)))〕。釜山以外ではほとんどお目にかかることはない。ミルミョンとは、小麦粉で作った冷麺である。ミルは小麦のこと。朝鮮戦争時に北から避難してきた人びとが故郷の冷麺を作ろうとしたのだが、ジャガイモやそば粉が手に入らず、アメリカからの援助物資だった小麦粉を代用して作ったのが始まりだという。望郷の味だ。

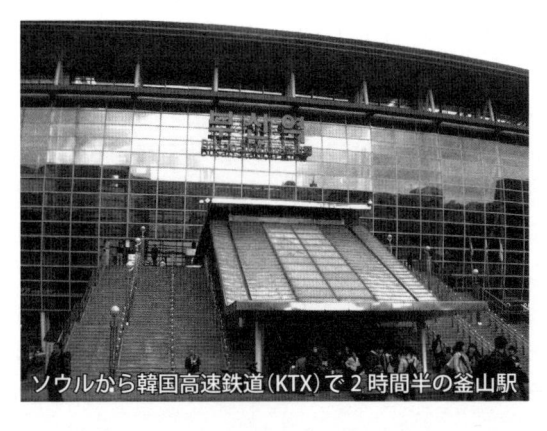

ソウルから韓国高速鉄道(KTX)で2時間半の釜山駅

3 豚と馬と海鮮と
済州島(チェジュド)

名産の黒豚と馬肉コース

　リゾート地として有名な"韓国のハワイ"こと済州島。ときに"韓国の沖縄"ともいわれる。済州島はその昔、耽羅(タムナ)という国だった。済州島と沖縄は、かつての独立国、言葉の違い(方言)が顕著、本土の南の島であるなどなど、たしかに似ている。そして、独特な食文化も。海に囲まれているので海産物の宝庫であるのはもちろんだが、どちらも豚がもっとも身近な動物なのだ。

　フクテジ(흑돼지)(黒豚)は、済州島名産の豚である。済州島に行ったら、ぜひ食べてほしい。皮ごとスライスした、分厚い**オギョプサル**()))))でお願いしたい。美味い、あまりにも美味い。臭味ゼロ。ジューシーで軟らかく、口に広がるほのかな甘味。**コプテギ**(껍데기)(豚の皮)だけを焼いたものも食べたが、滅茶苦茶美味い。ソースの必要一切なし。粗塩だけで十分。ゼラチン質の独特な噛み心地と、皮そのものに味がある！　もう、こんな肉食べたら、ソウルでサムギョプサル(←42ページ)なんて食べられないよ。

　皮にわずかだが毛が残っていて、毛穴のところが黒くポツポツとなっている。"これは黒豚です"という証だ。

　さて、ここからは食後にお読みください。黒豚は、別名**トンテジ**という。訳すと「う○こ豚」だ。実は、この豚の主食は人糞である。豚小屋の上に石垣を組んで作ったトイレ、すなわち豚小屋一体型トイレがあり、用をたせば、その下で豚が待っている。これも沖縄とそっくりである。さすがに最近ではとんと見かけなくなったが、まだ黒豚をそうやって飼育しているところもある。済州島の田舎道で、たまたま食事中の豚に遭遇してしまうことがあるかも……。

済州島では馬も食べる。「日本では馬肉を食べる」と言うと、ほとんどの韓国人が驚く。しかし、済州島は別だ。馬肉(**マルコギ**(말고기))専門店に行けば、**馬肉コース**(♪♪♪♪)で出てくる。馬骨髄エキス、刺身、ユッケ、ホルモン刺し、タタキ、カルビチム、トルパンクイ(石板焼き)、しゃぶしゃぶ、コムタンなどなど。日本の馬刺しは霜降りだが、こちらでは基本すべて赤身。さっぱりとして美味い。いろいろ食べたけど、やはり素焼きが一番だ。焼き方はもちろんレアで。軟らかくて、たまらんよ。

海産物の宝庫

　ほかにも済州島ならではの料理や食材がいっぱいある。焼き干しアマダイ**オクトムグイ**(옥돔구이)(♪♪♪♪)、**タクセウ**(딱새우)(ミナミアカザエビ＝ウミザリガニの一種)、トコブシやウニなど海鮮盛りだくさんのチゲ**ヘムルトゥッペギ**(해물뚝배기)(♪♪♪♪)、ウニとワカメのスープ**ソンゲミヨククク**(성게미역국)(♪♪♪♪)、太刀魚とホバク(韓国かぼちゃ)のスープ**カルチホバククク**(갈치호박국)(♪♪♪♪)、ホンダワラという海草のスープ**モムクク**(몸국)(♪♪♪♪)、千切り大根をそば粉のクレープで巻いた**ピントク**(빙떡)(♪♪♪♪)……。済州島ではそば粉がよく使われる。**スジェビ**(수제비)(すいとん)がそば粉だったこともある(それって、そばがきじゃん！)。

　海女さんが現役なのも済州島ならでは、**海女食堂**(ヘニョシクタン)で、獲れたての海産物をつまみにして、済州マッコルリで一杯だ。

　それからミカン。済州島のミカンは温州ミカン。これは和歌山市と済州市の"ミカン交流"によって1975年にもたらされたという。

その日に獲れた海産物の宝庫・海女食堂

▲怪しげな光を放つ夜のテキサスタウン（釜山）

第9食
世界の料理 in コリア

　韓国にはたくさんの外国人が住んでいる。欧米人はもとより、アジア、南米からの人たちも多い。外国人労働者、留学生、特派員、韓国人と結婚した人たち……。ペルーから来たアンデス楽団もよく見る。そんな彼らが小さなコミュニティを形成し、東京・新大久保の"コリアン・タウン"よろしく、ソウル市内にはエスニック・エリアが点在する。

　ソウル郊外の安山市(アンサン)などは、駅を降りたら聞こえてくるのは、どこの言葉かわからない外国語ばかり。顔はみんなアジア系。なかでも元谷洞(ウォンゴクトン)は、韓国一外国人労働者が住んでいる地域だ。別名"国境のない街"。ここでは、3人に1人が外国人だ。中国、モンゴル、バングラデシュ、インドネシア、ベトナム、フィリピン、カンボジアなど65カ国以上を数えるという。

　そして、もちろん故郷の味の食堂が、あちこちにオープンしている。しかも、本格派の味で、安い。そりゃ、そうだ、そこに住む人たちのための食堂なのだから。

　釜山駅前の一本裏にも独特な外国人街がある。中華街＆テキサスタウンだ。本格派中華料理店、羊の串焼き、ロシア生活用品店、両替屋、旅行会社、それにパブなどが立ち並ぶ。キリル文字の看板も多いし、ソウルではほとんど見かけないフィリピン料理屋も2軒あった。

　最近は移民の子どもたちの教育が問題となっている。今後は多文化政策が重要になることは間違いない。なぜなら、そうした子どもたちが大きくなり、彼らが韓国人としてのアイデンティティをもったとき、これまでの"単一民族＝韓民族の国"という根底が覆される可能性があるからだ。安山のようなケースは、単なる地域的な問題ではなく、未来の韓国を映し出している"鏡"といえるだろう。

1 料理で世界一周 梨泰院(イテウォン)散策

　ソウルの梨泰院(龍山区)は、昔から外国人街として知られていた。米軍基地のすぐ隣に位置するため、ベトナム戦争時にはたくさんの米兵で栄えた歓楽街である。日本でもそうだが、基地周辺は独特な文化を形成する。

　しかし、ベトナム戦争終結後は徐々に活気を失い、さびれた異国文化の街となってしまった。良家のお母さんは「あんな外国人ばかりの街に行ってはいけません」と娘を叱り、欧米人は「Hey、梨泰院にいれば、英語だけで全然問題ないよ〜」と、ある意味住み分けられていた地域だったのだ。だが最近、イメージはガラッと変わり、垢抜けてきた(もちろん昔の面影も残っているが)。

　裏通りにはブティックやカフェ、レストランがたくさん生まれ、若者の街・弘大(ホンデ)にも似た雰囲気を醸し出している。日本で言えば、裏原宿か。そのうえ多国籍で、雑多な感じがなんともいえない魅力にあふれている。韓国唯一のモスクもある。

　そして、世界の料理屋が立ち並ぶ。昔ながらのアイリッシュ・パブやドイツ料理店をはじめとして、フランス料理、イタリア料理、スペイン料理、ギリシャ料理、ブルガリア料理、メキシコ料理、ブラジル料理、パラグアイ料理、インド料理(パキスタン料理)、タイ料理、ベトナム料理、モロッコ料理、アフリカ料理、アラブ／イスラム料理(トルコ、ヨルダンなど)、日本料理(焼き鳥居酒屋、ラーメン屋など)、中華料理、そしてもちろん韓国料理も。

　どこで食事をするか本当に迷う。料理で世界一周も夢じゃない。

2 中華料理とも韓国料理とも違う
朝鮮族料理

羊の串焼き

　韓国人にとって、もっとも身近でもあり、遠い存在のひとつでもある中国朝鮮族同胞。中国でも韓国でもない、そのエスニックな料理を紹介しよう。

　中国には、北朝鮮とロシアの国境付近に、延辺朝鮮族自治州(吉林省)という朝鮮族が多く住むエリアがある。その州都・延吉市をはじめとして同州から韓国にやって来た人びとが非常に多い。

　仁川市のチャイナタウンは、観光名所のような雰囲気になりつつある。一方ソウル市内や周辺には、朝鮮族の人たちが自然とまとまって住みだしたコミュニティが点在し、規模は小さいながらも、ディープさ加減は濃い。それこそ本物のチャイナタウンである。加里峰洞、大林洞、東大門の一部などが代表的だ。路地を曲がると、その一角だけが漢字だらけの看板に覆われたエリアで、まさに異国。

　加里峰洞のチャイナタウン

　そうした店のメイン・メニューは、どこもかしこも**ヤンコチ**(양꼬치)(羊の串焼き)である。中国語では**ヤンルーチュアン**(羊肉串)という。2005年ごろから韓国で流行りだした料理だ。

　以前は、韓国内で羊肉を入手するのが困難だった。その昔、まだ韓国で

237

はとても珍しかったモンゴル料理屋に行ったら、マトンが仕入れられないので、牛肉でモンゴル料理を作っていた。しかし、現在ではラムもマトンも完全に流通している。

決め手はクミン

ヤンコチはもともと延辺の朝鮮族の料理で、中国料理とも韓国料理とも違う。鉄の長い串に刺さった一口サイズのラム肉を目の前の炭火で直に焼くのが基本スタイル。唐辛子＋ごま＋クミンの香辛料につけて食べるのがミソだ。とくにクミン。なんとも異国情緒的な味付けになるのは、この香辛料のせいだろう。

食卓に塩やコショウが置いてある風景はよく目にするが、クミンのふりかけ用小ビンが置いてあるというのは、中国朝鮮族の店ならでは。やはり面食らう。でも、羊のカルビ串も美味いぞ。とにもかくにも羊好きには格好の料理なのだ。

そして、たいがいの店には、串焼きメニューが数多くそろっている。エビやイカ、牛カルビなどもあるが、内臓好きの私の視線はそういうところにはいかない。そう、変わったホルモン系メニューが目白押しなのである。日本の通好みなモツ焼き屋で目にするような材料がズラーッと並んでいることが多い。**コリコリ**(大動脈)、**ハツ**(心臓)、**フワ**(肺)、**マメ**(腎臓)、なんと金○(牛鞭=雄牛の睾丸)まで……。あーー、幸せ。

さらには、テーブルに無造作に置いてあるニンニクの山。食べた後の串を使って、自由に焼いてOK。無料である。

ビールは青島(チンタオ)がちゃんと輸入されている。なによりも、延吉産の高粱(コウリャン)酒が置いてあるのがうれしい。高丽村(カオリーツン)がお薦め。安いし、いける。しかも、クミンが高粱酒と本当によく合うのだ。胃腸に効くクミンをこうやって摂取していれば、度数の高い酒をいくらあおっても、なんだか二日酔いしな

い感じがする。

　もっとクミンがほしいときは頼めばいいのだが、「クミン」では通じない。中国語でズーラン(孜然)と言わねばならない。韓国語には、クミンを指し示す言葉はまだない。たぶん、ズーランが定着するだろう。なぜなら、クミンを買おうとしたら中国食品店に行かねばならず、中国人には「クミン」では通じないので、必然的にズーランと言わねばならないからだ。

麺と火鍋

　玉米麺(ユイミイミエン)(トウモロコシ麺)の延辺温麺(イェンビェンウェンミエン)というメニューもある。真っ赤で、激辛。でも、パクチーいっぱいでうれしい。トウモロコシの生産が中国一を誇る延辺ならではだ。

　そして火鍋(フォグオ)。中国全土で見かける料理で、「シャブシャブ」と書いてある店も多い。基本はマトンだが、韓国人向けに牛肉のセットがある店も。金属製の丸鍋が真ん中から2つに仕切られていて、片方は白いスープ(白湯(バイタン))、片方は真っ赤な辛いスープ(麻辣湯(マーラータン))。これは陰陽を表している。肉、野菜、きのこ類、豆腐、韓国春雨、肉団子、エビ、トック(餅)、その他もろもろを投入し、熱々を豪快に食べるのだ。

3 異国の中の異国
ウズベキスタン料理

　ウズベキスタンやカザフスタン、キルギスなど中央アジアの国には、ソ連時代に強制移住させられた多くの朝鮮民族(高麗人(コリョサラム))が暮らしている。だからというわけなのだろうか、こうした国から来た人びとも韓国にたくさん住んでいる。

　ウズベキスタン料理はロシアの影響を濃く受けているため、一見西洋風だ。しかし、中国からの影響もあり、一筋縄ではいかない。

　ソウルの地下鉄2・4・5号線東大門歴史文化公園駅の12番出口の裏手あたりの路地を曲がると、一面キリル文字だらけになる。まるで、別世界に迷い込んでしまったかのよう。この光熙洞(クァンヒドン)地区は、中央アジア出身者が集まるエリアなのだ。

　それではお薦めウズベキスタン料理屋を。すでにこの界隈では知名度の高い**サマルカンド**。2003年オープンで、現在は4店舗あるという。店内は異国情緒あふれる摩訶不思議な雰囲気。テレビからはウズベキスタン語の放送が流れている。メニューには、キリル文字、アルファベット、ハングルの3つが併記されていて、料理の写真も載っているので、ご安心を。とりあえずお酒。ロシアのビール、ウオツカ、美味しいです。

　ウズベキスタン料理は、クミン、コリアンダー、ごま、パセリ、ワインビネガーなどで味を調える。香辛料は使うが、辛くはない。さて、やはり肉は羊を注文せねば。熱々の挽肉が入っている**パンサモサ**(🎵)は、ウズベキスタンで人気の一品。ロシア料理のボルシチもあるけど、ここはやっぱりマトンのスープを。マトンスープの麺料理は、中国語の「ラーメン」が**ラグマン**(🎵)と訛ったもの。

　さぁ、いよいよ、メインの羊の串焼き**シャシリク**(🎵)だ。一本がこれ

またでかい。サーベルのような鉄串に、豪快に突き刺さっている大きなマトンの塊。かぶりついたら、もう、肉汁がジュワーッとあふれ出てきて、たまりませ〜ん。

　この界隈には、ほかにも、モンゴル料理、カザフスタン料理、ロシア料理の店や、キルギスのパン屋などがある。建物一棟がすべてモンゴル関係のお店で埋まっている**モンゴルタウン**は、もはや韓国ではない。そこでは韓国語も英語もほとんど通じない。たった一歩踏み入れるだけで、まるで"どこでもドア"の如く、異国への入口となってしまう驚きのスポットだ。

　また、東大門の別の界隈(崇仁洞、昌信洞)には、インド／ネパール／チベット料理屋の立ち並ぶ路地がある。

　さらに、大学路の恵化ロータリーには、毎週日曜日にフィリピン・マーケットが立つ。フィリピン人の多くはカトリック教徒。この近くにフィリピン人向けの教会があるため、日曜日になるとフィリピン人がたくさん集まるのだ。孵化しかけのアヒルの卵「バロット」も売っている。ロータリーの角には、週に一度、お昼の数時間しか営業しないフィリピン料理屋もあってビックリだ。

▲モンゴルタウンのエントランス・インフォメーション

4 郷に入れば郷に従え
日本料理（居酒屋）

日本ではまず見ないメニューが多い

このところ日本食ブームで、かなり本格的なトンカツや豚骨ラーメンが食べられるようになった。さらに、最近は日本風居酒屋の大ブーム。**イジャカヤ**で通じる（以前は**ノバダヤキ**と名乗る店が多かった）。

日本語の屋号も大手を振っている。これは、20世紀までは本当にあり得なかった。そのころは町中の看板がみなハングルで、漢字が書いてあったら100%中華料理屋。日本語の看板なんて言語道断。それが、いまでは日本語の看板しかない店まである。ただし、変な名前の店が多い気がするのだが……。中に入ると、お客は韓国人、主人も韓国人。う〜ん、いったいどうなっているのだろう。

というわけで、最後に日本料理を取り上げたい。これまでは"ディープなソウル体験！　本格的な韓国料理が、安く、美味しく、食べられます"という方向だったが、ここでそのベクトルは180度逆向きになる。**フェドッパプ**（←91ページ）や**トンカス**（←45ページ）を作り上げたこの国の、コリアナイズ・パワーを感じてほしい。こんな料理、日本ではまず見ないけど、という日本風居酒屋メニューである。

一番人気の長崎チャンポン

日本風居酒屋でよく見かける人気メニューは**長崎チャンポン**)))))。韓国のチャンポンは真っ赤っかだが、この長崎チャンポンは白いスープである。えっ、じゃあ普通じゃん、と思うことだろう。でも、一口食べたら、辛いんだよー。真っ白だけど、辛いの。ひとかけらで激辛の**青陽コチュ**（青唐辛子）が入っているから。スープも違う。海鮮だし強すぎ。本家長崎

ちゃんぽんのもつ、まろやかでクリーミーな感じはゼロ。味は濃厚だが、さらっとした口あたり。そこに強烈な青唐辛子のパンチが来る、ストレートで。スープを飲んだら、「く〜っ、効く〜」って感じだわさ。

さらに麺。本家の独特な風味と味のある麺ではない。うどんだったり、ラーメンの出来損ないのような麺だったりする。もっと驚いたのは、麺なしスタイル。普通に注文したら、麺が入ってないの。麺、追加オーダーなの。それって、チャンポンじゃないじゃん！

と、これだけ文句を言っていますが、私はけっこう好きなんよ。面白いからよく日本人の友人らに食べさせるし、これはこれで美味いからねぇ。

最近は長崎チャンポンの即席麺も発売されて、人気上昇中だという。やはり白いスープの激辛麺。「長崎チャンポン」という名前が商標登録申請されたと話題になったのも、つい最近だ。もちろん、さすがの韓国でも却下されたけど。

さらには長崎市が「似ても似つかぬ長崎チャンポンの横行」を阻止するために、釜山で、長崎の料理人の指導による"長崎ちゃんぽん実演講習会"を開催。はたして、効果のほどはあったのだろうか。

二番人気のお好み焼き

お次は、多くの日本風居酒屋で出てくる**お好み焼き**である。なぜか、どれも同じようなスタイル。ステーキなどをのせる丸い大きな熱々の鉄板皿に、ド〜ンとのってやってくる。ものすごい量の鰹節が上にかかっていることが多い。そして、生地が妙に分厚いのだ。食感は、フワフワしていて、ん〜、パンケーキみたいな感じか。

もしかしたら日本のどこかにこんなお好み焼きがあるのかもしれないが、少なくとも私は知らない。最近は、日本人が焼いている本物のお好み焼き屋も増えていて、人気もあるらしい。この不思議なパンケーキ焼き

は、そのうち駆逐されるかもしれないなぁ。

数々の日本料理もどき

おでんは、もはや韓国料理でもあるので致し方ないが、どうしても具が日本のようにそろわない。だから、練り物ばかりの**オデンタン**と同じ料理になってしまう。すなわちオデン鍋。スープはあっさり系の薄味である。

すき焼きも同じようなもの。スキヤキ鍋といったらいいか、牛肉は煮えすぎ状態。スープはあっさりとしたすき焼き味で、これはまた、なんとも不思議な感触。まるで韓国のスープ料理の如く、スプーンですすってしまう。そういえば、あるお店のメニューにあったすき焼きの解説は、こんな調子だった。

「牛肉、エビ、イカと野菜で味付けした、日本式シャブシャブ・スタイルの鍋料理」

おにぎり(**チュモクパブ**)は、ご飯をただ丸めただけ。握ってないの。持ったら崩れてしまうわけ。どうすんねん！

おこげにあんかけをかけた**ヌルンジタン**。こりゃ、もう中華料理だろう。

寿司ネタにキムチがのっているキムチ寿司もあるし、メニューを見て焼き鳥盛り合わせだと思って頼んだら、ニンニクと銀杏、そしてカルビの串焼き盛り合わせだったことも。

もはや創作日本料理の発表会のような状況だが、結局、それはそれで楽しいじゃん、と思う私である。"郷に入れば郷に従え"。そうやって新しい文化が生まれていくのではなかろうか。

あとがき

　最後に、どうしても書いておきたいことがあります。それはトイレの話です。韓国のトイレには、大きなごみ箱がよく置いてあります。使用済みの紙は、ここに捨てなければなりません。けっこうきれいなトイレでも、大きなごみ箱が置いてあったら、決して便器に紙は流さないこと。実は、よく詰まります。

　韓国の下水道は昔に造られた細い管のままなので、どうしても詰まりやすいということです。内装がきれいなビルやレストランでも、ビル全体を壊して建て直さないかぎりは同じ。昔のままの下水管が利用されるからです。

　私の友人の韓国人女性は、日本でデパートなどのトイレに行ったとき、汚物入れにすべて紙を捨てていたといいます。

　「えっ!?　あんな小さいごみ箱じゃ、すぐにいっぱいになっちゃうじゃん」と言ったら、「さすが清潔好きな日本。ごみ箱をしょっちゅう取り替えに来るんだ」と思ったそうです。韓国の友人がいたら、「日本では紙を流しても大丈夫だ」と助言してあげるほうがいいかもしれません。

　この作法は、われわれにとってなかなか慣れが必要ですが、ひとりの失敗のために大惨事になってしまったら目も当てられません。実際、そういう現場に何度も遭遇しました。皆さん、絶対に紙を流さないよう、気をつけましょう。

　ごみ箱が置いていなかったら、下水道工事が完了した建物です。安心してください。大規模な再開発がなされた地区や、何もなかったところに新たに建造されたビルは、大丈夫です。しかし、地下鉄の駅などで、もう不要だからとごみ箱を撤去したら、利用者から不便だとい

うクレームが殺到したなんて話もあります。韓国人側からしても、長い間に身についた習慣は、一朝一夕には変えられないようです。

　外にトイレがある店も、少なくありません。店の裏側だったり、隣のビルの階段の踊り場だったり……。鍵を持っていかねばならない場合も多いので、店の人に一声かけてから行きましょう。トイレは韓国語で「ファジャンシル」といいます。漢字で書けば「化粧室」です。

　そういえば、トイレットペーパーがティッシュの代わりに食卓の上にのっている店もあります。なんとも合理的ですが、その光景に最初に出くわしたときは驚きました。ロールがそのまま、ど〜んと。かなりのインパクトでした。いまでは完全に慣れてしまいましたが……。壁や柱、テーブルの脇などにトイレットペーパーを吊るしてある店も、よく見かけます。

　それでは皆さん、これで準備OKですね。あとは韓国にちょっと足を運ぶだけです。多種多様な食べ物との驚くべき出会いを期待しています。ただし、食べすぎ、飲みすぎには、くれぐれもご注意を！

　本書を刊行するにあたり、遅筆の私を辛抱強く待っていただいた天空企画の智内好文さんと出版社コモンズの大江正章さんに深謝いたします。そして、オビに推薦文を寄せてくれた韓国俳優のクォン・ヘヒョさん、さらに日韓の多くの友人たちの助言や体験談といった協力がなければ、この本は成り立ちませんでした。本当にどうもありがとう、心から感謝します。

　　　2013年9月吉日

　　　　　　　　　　　　　　　　　　　　　　佐藤　行衛

本書に登場する飲食店一覧

タリチプ　다리집　　　　　　　　　　　　　　➡ 17 ページ
釜山広域市水営区南川1洞 30-13　Tel. 051-625-0130
釜山地下鉄2号線金蓮山駅から徒歩5分。

トゥンボ ハルメ キムパプチプ　똥보할매김밥집　➡ 25 ページ
慶尚南道統営市中央洞 129-3　Tel. 055-645-2619
統営港に面した道沿い。

麻薬キムパプ　마약김밥　　　　　　　　　　　➡ 27 ページ
ソウル特別市鍾路区礼智洞 235　Tel. 02-2264-7668
地下鉄2号線乙支路4街駅と地下鉄1号線鍾路5街駅の間にある広蔵市場内。

麻浦元祖蔘鶏湯　마포원조삼계탕　　　　　　　➡ 48 ページ
ソウル特別市麻浦区桃花洞 343-2　Tel. 02-3273-9682
地下鉄5号線麻浦駅3番出口を出て、ソウルガーデンホテル裏通りの路地を入る。徒歩5分。

明洞タッカンマリ(本店、2号店、3号店)　명동닭한마리　➡ 48 ページ
ソウル特別市鍾路区鍾路5街 265-8　Tel. 02-2266-8249
地下鉄1・4号線東大門駅9番出口から徒歩7分。

レゲエチキン(本店)　Reggae Chicken　레게치킨　➡ 50 ページ
ソウル特別市麻浦区東橋洞 147-19　Tel. 02-333-3438
地下鉄2号線、空港鉄道弘大入口駅3番出口から徒歩2分。

鍾路ソルロンタン　종로설렁탕　　　　　　　　➡ 69 ページ
ソウル特別市鍾路区鍾路3街 107-1　Tel. 02-2271-3820
地下鉄1・3・5号線鍾路3街駅15番出口から徒歩5分。

モイセヘジャンクク(麻浦店)　모이세해장국　　➡ 72 ページ
ソウル特別市麻浦区龍江洞 122-6　Tel. 02-718-0523
地下鉄5号線麻浦駅1番出口を出て、麻浦駐車場通りを右折して直進。徒歩10分。

テバクポシンタン　대박보신탕　　　　　　　　➡ 75 ページ
ソウル特別市麻浦区延南洞 225-33　Tel. 02-702-1464
地下鉄2号線、空港鉄道弘大入口駅3番出口から徒歩10分。

チンコゲポシンタン　진고개보신탕　　　　　　　　　　➡ 76 ページ
ソウル特別市永登浦区文来洞1街 18-2　Tel. 02-678-8041
地下鉄1号線永登浦駅8番出口から徒歩10分。文来芸術工場（Mullae Art Center）裏。

三角地ウォンテグタン　삼각지원대구탕　　　　　　　➡ 100 ページ
ソウル特別市龍山区漢江路1街 142 － 4　Tel. 02-797-4488
地下鉄4・6号線三角地駅1番出口から徒歩3分。

コカルビチプ（瓦斯燈[ワサドゥン]）　고갈비집(와사등)　➡ 102 ページ
ソウル特別市鍾路区仁寺洞 130-21　Tel. 02-723-9046
地下鉄1号線鐘閣駅3番出口から徒歩7分。仁寺洞通りの裏路地、バッティングセンター裏手。

ナジョンスン ハルメ チュックミ　나정순할매쭈꾸미　➡ 112 ページ
ソウル特別市東大門区龍頭洞 119-20　Tel. 02-928-0231
地下鉄1号線祭基洞駅6番出口から徒歩5分。

チュックミプルコギ　충무로쭈꾸미불고기　　　　　　➡ 112 ページ
ソウル特別市中区筆洞1街 3-20　Tel. 02-2279-0803
地下鉄3・4号線忠武路駅5番出口から徒歩3分。

海賊キャプテン　해적캡틴　　　　　　　　　　　　　➡ 114 ページ
ソウル特別市麻浦区西橋洞 370-2　Tel. 02-3142-2979
地下鉄2号線、空港鉄道弘大入口駅3番出口から徒歩12分。

民俗酒店サヌリム　민속주점산울림　　　　　　　　　➡ 120 ページ
ソウル特別市麻浦区倉前洞 5-138　Tel. 02-334-0118
地下鉄2号線新村駅と弘大入口駅の中間にあるサヌリム小劇場前。

チンチャ チョガヂプ ウォンジョ アグチム　진짜초가집원조아구찜 ➡ 128 ページ
慶尚南道昌原市馬山合浦区午東洞 151-5　Tel. 055-246-0427
韓国高速鉄道（KTX）馬山駅からタクシー。午東洞アグチム通り内。

オドンドン アグ ハルメチプ　오동동아구할매집　　　➡ 128 ページ
慶尚南道昌原市馬山合浦区東城洞 48-2　Tel. 055-246-3075
韓国高速鉄道（KTX）馬山駅からタクシー。午東洞アグチム通り内。

サンコムジャンオ　산꼼장어　　　　　　　　　　　　➡ 144 ページ
ソウル特別市麻浦区滄川 112-8　Tel. 02-325-5354
地下鉄2号線新村駅1番出口を出て直進。徒歩7分。

湧金屋［ヨングモク］　용금옥　　　　　　　　　➡ 145 ページ
ソウル特別市中区茶洞 165-1　Tel. 02-777-1689
地下鉄 2 号線乙支路入口駅 2 番出口から徒歩 5 分。

コレコギ ウォンジョ ハルメチプ　고래고기원조할매집　➡ 155 ページ
蔚山広域市南区長生浦洞 335-2　Tel. 052-261-7313
長生浦鯨博物館から湾沿いの道を西へ約 1km。

ソルレハノクチプ　솔내한옥집　　　　　　　　➡ 158 ページ
ソウル特別市麻浦区西橋洞 395-32　Tel. 02-333-0862
地下鉄 2・6 号線合井駅 5 番出口から徒歩 5 分。

ポリウル　보리울　　　　　　　　　　　　　　➡ 159 ページ
ソウル特別市麻浦区合井洞 413-16　Tel. 02-325-8915
地下鉄 2・6 号線合井駅 5 番出口を出て右折、直進。徒歩 5 分。

乙密台［ウルミルテ］　을밀대　　　　　　　　➡ 183 ページ
ソウル特別市麻浦区塩里洞 147-6　Tel. 02-717-1922
地下鉄 6 号線大興駅 2 番出口から徒歩 8 分。

秘苑［ピウォン］ソンカルグクス　비원손칼국수　➡ 185 ページ
ソウル特別市鍾路区園西洞 160　Tel. 02-744-4848
地下鉄 3 号線安国駅 3 番出口から徒歩 7 分、昌徳宮［チャンドックン］裏手。

富永閣［プヨンガク］　부영각　　　　　　　　➡ 189 ページ
ソウル特別市麻浦区龍江洞 494-61　Tel. 02-716-2413
地下鉄 5 号線麻浦駅 1 番出口を出て、麻浦駐車場通りを右折して直進。徒歩 13 分。

シンゲチ　신계치　　　　　　　　　　　　　　➡ 203 ページ
ソウル特別市西大門区滄川洞 2-24　Tel. 02-3147-1021
地下鉄 2 号線新村駅 3 番出口を出て、延世大学方面へ直進して右折。徒歩 5 分。

サマルカンド（本店、2 号店、3 号店）　Samrqand　사마리칸트 ➡ 240 ページ
ソウル特別市中区光熙洞 1 街 162　Tel. 02-2277-4261
地下鉄 2・4・5 号線東大門歴史文化公園駅 12 番出口から徒歩 5 分。

韓式B級グルメ大全

2013年10月20日・初版発行

著　者・佐藤行衛
©Sato Yukie, 2013, Printed in Japan
発行者・大江正章
発行所・コモンズ
東京都新宿区下落合 1-5-10-1002
TEL03-5386-6972 FAX03-5386-6945
振替　00110-5-400120

info@commonsonline.co.jp
http://www.commonsonline.co.jp/

企画・編集／智内好文(天空企画)
レイアウト／月乃南

印刷／東京創文社　製本／東京美術紙工
乱丁・落丁はお取り替えいたします。
ISBN 978-4-86187-105-4 C0026

◆コモンズの本◆

写真と絵で見る北朝鮮現代史	金聖甫ほか著、李泳采監訳・解説、韓興鉄訳	3200円
北朝鮮の日常風景	石任生撮影、安海龍文、韓興鉄訳	2200円
はじめての韓方 心も体もスッキリ	キム・ソヒョン著、イム・チュヒ訳	1500円
竹島とナショナリズム	姜 誠	1300円
米粉食堂へようこそ	サカイ優佳子・田平恵美	1500円
乾物 EveryDay	サカイ優佳子・田平恵美	1600円
ごはん屋さんの野菜いっぱい和みレシピ	米原陽子	1500円
食材選びからわかるおうちごはん クッキングスタジオ BELLE のレシピ	近藤惠津子	1500円
おいしい江戸ごはん	江原絢子・近藤惠津子	1600円
シェフが教える家庭で作れるやさしい肴	吉村千彰	1600円
子どもを放射能から守るレシピ77	境野米子	1500円
放射能にまけない！簡単マクロビオティックレシピ88	大久保知和子	1600円
幸せな牛からおいしい牛乳	中洞正	1700円
無農薬サラダガーデン	和田直久	1600円
からだに優しい冷えとり術	鞍作トリ	1500円
クーラーいらずの涼しい生活99の技	石渡希和子・松井一恵	1400円
超エコ生活モード 快にして適に生きる	小林孝信	1400円
脱原発社会を創る30人の提言	池澤夏樹・坂本龍一・小出裕章ほか	1500円
土の匂いの子	相川明子編著	1300円
危ない健康食品から身を守る本	植田武智	1400円
危ない電磁波から身を守る本	植田武智	1400円
しのびよる電磁波汚染	植田武智	1400円
花粉症がラクになる	赤城智美・吉村史郎	1400円
ぼくが歩いた東南アジア 島と海と森と	村井吉敬	3000円
いつかロロサエの森で 東ティモール・ゼロからの出発	南風島渉	2500円
ミャンマー・ルネッサンス 経済開放・民主化の光と影	根本悦子・工藤年博編著	1800円
ラオス 豊かさと「貧しさ」のあいだ 現場で考えた国際協力とNGOの意義	新井綾香	1700円

(価格は税別)